CROIRE EN SES RÊVES
ET TROUVER SON CHEMIN

Meriem Salmi

Croire en ses rêves et trouver son chemin

Fayard

Couverture : ADGP
Photographie : Bernard Bisson

ISBN : 978-2-213-70622-1
Dépôt légal : mai 2018

Préface

Ma première rencontre avec Meriem Salmi... enfin, moi, je l'appelle Meriem ! remonte à mes quatorze ans... J'étais accompagné de Paulette Fouillet, une grande championne qui était en charge de l'accueil et de l'accompagnement des jeunes qui intégraient l'Institut national du sport, de l'expertise et de la performance.

Paulette pensait qu'il était important qu'un jeune homme si loin de chez lui et des siens, si loin de son entourage, soit suivi par un psychologue. Et cette rencontre avec Meriem a été l'une des plus importantes de ma vie.

Elle m'a permis de bien grandir, projeté comme je l'étais dans un monde d'adultes qui ne me faisait pas de cadeaux.

Cet accompagnement est une des composantes de ma réussite et du fait que je sois devenu l'homme et le champion que je suis aujourd'hui.

Les titres des champions brillent, on se dit que la victoire doit être grisante, surtout lorsque l'on obtient ces titres quand on est jeune, mais on n'imagine pas un instant qu'il peut être difficile aussi d'être confronté à la victoire ; beaucoup se perdent.

Beaucoup n'y résistent pas. Cela peut être violent. Il faut garder la tête sur les épaules. Ne pas prendre la grosse tête, en tout cas.

Imaginez ! J'avais quatorze ans, et déjà les espoirs d'une nation sur les épaules : « On compte sur toi ! » J'etais confronté à d'immenses colosses… qui ne pensaient qu'à me casser la figure !

Je me souviens de cette première rencontre comme si c'etait hier. Au début, j'étais à l'écoute, j'y suis allé par curiosité. Puis très vite, j'ai compris que je n'y arriverai pas seul. Que je ne voulais pas avancer seul dans cet univers sportif, et même dans la vie. Alors j'ai pris un deuxième rendez-vous, puis un troisième, puis un autre encore… Et très vite j'ai vu le bien que cela me faisait.

Meriem m'a permis d'identifier les moments où la pression montait en moi. Et elle m'a montré le chemin pour y faire face. Pas pour l'étouffer, parce qu'elle est nécessaire.

Mais pour la dominer. Pour en faire une force.

Elle m'a musclé le cerveau. Je ne trouve pas d'autre mot qui puisse mieux exprimer ce que je ressens de notre travail.

Elle m'a musclé le cerveau.

Qu'est-ce qui me rend serein ?

La musique ! Alors, il me faut créer ma bulle musicale.

Une bulle protectrice. C'est comme ça que j'ai été l'un des premiers sportifs à mettre des écouteurs.

Parce que quand j'écoute de la musique, je ne suis plus le même. La musique me fait décompresser. Et me permet de rester « focus » en compétition. J'ai mis un casque. Au début, on m'a regardé de travers. Mais maintenant, tout le monde le fait.

Meriem m'a permis de comprendre que la machine humaine : c'est un corps *et* un esprit. Et que si la tête ne va pas, rien ne suit.

Rien ne se passe. Tu peux être un athlète talentueux, tu ne gagneras pas.

En 2012, avant les Jeux olympiques de Londres, je ne dormais plus. J'avais hyper-mal au dos. Cela faisait des mois que ça durait. Je devenais dingue.

Vraiment, j'étais à bout, je n'en pouvais plus. J'étais passé entre les mains de je ne sais combien de spécialistes. Qui ne trouvaient rien, mais qui multipliaient les examens. Ça durait, ça durait, ça n'en finissait pas. Jusqu'à ce que je tombe sur un chirurgien qui me demande, comme ça, simplement : « Vous êtes suivi par un psy ? Bien, je vais l'appeler. »

Meriem m'a rappelé, elle m'a dit : « Faut qu'on se voie ! » Et en quelques séances, on a identifié le problème, je redormais comme un bébé. Je n'avais plus mal au dos.

Je suis content de voir que le sport évolue. Enfin, on a pris conscience que, de la même manière qu'il est nécessaire d'avoir un coach, nécessaire d'avoir un préparateur physique, il est peut-être nécessaire d'avoir un psychologue. Notre mental aussi a besoin d'etre « préparé », « soutenu », « boosté ». Et je suis heureux que le milieu du sport s'ouvre à cela, parce que c'est ce qui fera que nous allons réussir.

Je suis aussi heureux que le mot « psy » ne soit plus tabou.

Tout le monde a des faiblesses. Tout le monde a des failles. Et la psychologie est une carte supplémentaire qu'on peut s'offrir à soi-même.

Pourquoi s'en priver ? Pourquoi se priver d'un atout pour notre réussite ? Si je suis meilleur mentalement, je suis plus fort.

J'ai anticipé les problématiques auxquelles je peux être confronté ! Je prévois mieux les choses, j'esquive les coups, je sais faire face, parce que je me connais mieux.

Si je devais donner un conseil, ce serait de bien s'entourer.

De ne pas avoir peur de l'autre. D'abord, parce que la peur n'évite pas le danger. Mais surtout parce que c'est avec les autres qu'on est bon. Ensemble.

Se connaître, se respecter, s'aimer.

Un long chemin… qui vaut d'être parcouru !

Teddy Riner

À mes parents, Ourdia et Belkacem
À mes enfants, Schéhérazade, Nawal et Hicham

Introduction

Et si tout était possible ?

« Un jour, tu te calmeras, Meriem, tu verras. » « Tu es jeune, c'est pour ça. »

J'entends encore résonner en moi ces phrases prononcées par mes anciens patrons, collègues. Elles sont encore là aujourd'hui : *Un jour, tu te calmeras.*

Alors que j'étais jeune psychologue, ces phrases rythmaient mon quotidien : « Tu es trop agitée », « Tu ne prends pas assez de recul », « Tu es trop sensible ». Il m'était difficile de comprendre autre chose que : « Tu es incompétente. » J'ai même pensé un jour que je n'étais pas faite pour ce métier et j'ai voulu arrêter et faire autre chose. Je n'étais attirée que par les gens qui voulaient faire bouger les choses, par ceux qui étaient sensibles à la souffrance, par ceux qui étaient engagés. Leur discours faisait écho à ce que je pensais, leur comportement me rendait admirative. Alors je les ai suivis ; ils m'ont accompagnée et formée. Je leur suis à jamais reconnaissante.

Aujourd'hui ces mots résonnent autrement. C'est étrange de nous apprendre que, lorsque l'on ressent des émotions dans notre métier, cela peut être une menace pour ceux dont on s'occupe. N'aurions-nous finalement plus aucune distance, plus la même compétence, si nous les ressentons ? Je le croyais, je ne le crois plus.

Serions-nous « anormaux » si nous n'y arrivons pas ? Je le croyais, je ne le crois plus.

Est-ce être insolent ou idiot que de penser différemment ? Je le croyais, je ne le crois plus

Nous faisons tous au mieux que nous pouvons avec les moyens ou ressources dont nous disposons.

Serions-nous idiots, agités, sensibles… parce que nous ressentons des émotions et avons parfois du mal à les gérer ? Je le croyais, je ne le crois plus.

Mieux, aujourd'hui je pense que ces émotions sont de précieuses aides pour mieux comprendre et mieux aider, si évidemment nous sommes sereins et vivons sereinement et en intelligence avec elles.

Aujourd'hui nous savons qu'elles sont la preuve d'une autre forme d'intelligence longtemps négligée.

Notre raisonnement ou notre manière de percevoir et de ressentir nous appartient. Je l'ai toujours pensé et je le pense toujours. Aujourd'hui, je crois même que la richesse du monde vient justement de toutes ces différences.

Doit-on s'anesthésier, devenir lisse, inodore, incolore ? Doit-on considérer qu'à être sans angoisse on est forcément heureux ? Heureux peut-être, mais muet et sans aspérités. Heureux, mais sans vie. Est-ce vraiment possible ?

Ne nous perdons pas dans ce monde de l'illusion qui tend à nous faire croire que ce n'est pas normal de traverser des moments de stress, d'angoisse ou de déprime. Ne plus ressentir d'émotions, est-ce encore être vivant ? Évidemment, l'idée n'est pas de ne vivre que des moments de souffrance pour se sentir vivant. C'est plutôt vivre en s'adaptant en permanence à notre environnement. Veiller à être intelligent en quelque sorte. Si l'intelligence est la capacité d'adaptation à l'environnement, nous sommes donc tous capables de développer ces compétences. Aujourd'hui, enfin, nous savons qu'il existe d'autres formes d'intelligence que l'intelligence intellectuelle. Celle qui fascine à présent tous les plus grands scientifiques est l'intelligence émotionnelle – alors que, pendant longtemps, les émotions faisaient sourire et même rire. Je suis si heureuse de toutes ces découvertes passionnantes et je suis convaincue que nous en trouverons certainement d'autres. Les intellectuels ne seront plus les seuls considérés comme à même de proposer des solutions pour notre monde. Je suis convaincue que nous trouverons d'autres formes d'intelligence. Je propose que l'on s'intéresse notamment à celle qui fait aussi partie de mon quotidien, et notamment l'intelligence psychomotrice.

Revenons à cette recherche perpétuelle du bonheur, et uniquement du bonheur, qui nous mène souvent à une logique de l'absurde, de l'illusion, et par conséquent au mal-être. Pourquoi pas ! Nous aspirons tous au bonheur. Le problème, c'est que l'on nous fait croire que c'est un jeu d'enfant. Il suffirait de le décréter et de suivre des prescriptions simplistes pour qu'enfin des joies inénarrables s'ouvrent à nous.

Sauf que… si les recettes étaient si simples, serions-nous si nombreux à connaître des phases d'abattement et de désarroi ?

À force de nous asséner ce bonheur prétendument si facile d'accès, à force de nous dire que l'angoisse, la peur, la déprime ne sont pas « normales », on finit par se culpabiliser de ne pas être capable de le trouver. En fait, si nous ne nous en sortons pas alors que c'est si simple, et que de plus les autres y parviennent, c'est que nous sommes de profonds idiots. Alors que, en fait, c'est que nous ne sommes pas prêts à nous sentir mieux.

Rassurez-vous : c'est dur et compliqué pour tout le monde et, s'il y avait une formule magique, ça se saurait. Il y a très peu d'endroits où se déroulent les miracles – à Lourdes certainement, mais pas dans mon bureau.

Car cet être, ou cette vie, qui nous est décrit n'existe pas. À part peut-être dans certains films de science-fiction à la recherche de l'être humain parfait. Mais, même là, cet être dénué de sentiments, de colère, de joie, de peine, ne fait vraiment pas rêver. D'ailleurs, il existe toujours des rebelles dans ces films, qui mettent fin à cette déshumanisation.

Ce qui fait la richesse de notre société, ce n'est pas l'alignement d'une armée de clones. C'est justement que chacun d'entre nous, avec tout ce qu'il est, son physique, sa personnalité, son histoire, ses angoisses, et ses rêves, enrichit notre monde.

Alors pourquoi se calmer, ne pas se mettre en colère ou exploser de rire…

Évidemment, il n'est pas non plus question d'être toujours en colère, ni d'être en guerre. Le plus beau des combats sera toujours d'éviter le combat et la plus belle des victoires sera toujours d'avoir réussi à éviter le combat. C'est d'ailleurs une des devises des arts martiaux : « Gagner cent victoires dans cent combats n'est pas l'habileté ultime… L'habileté ultime est de l'emporter sur l'adversaire sans se battre », dit Gichin Funakoshi, considéré comme le père du karaté. Seuls les combats qui sont vitaux doivent être menés. Mais, pour reconnaître les batailles inutiles, usantes, et celles qui sont cruciales, il faut d'abord se connaître soi-même.

« Comme la surface polie du miroir qui réfléchit tout ce qui se trouve devant lui est de même qu'une vallée tranquille qui répercute même les faibles sons, l'élève du karaté doit évacuer de son esprit toute forme d'égocentrisme et de méchanceté afin de se concentrer pour réagir de la bonne façon à tout ce qu'il peut rencontrer sur son chemin. » Gichin Funakoshi, encore.

Ne pas avoir peur de se faire face.

Ne pas avoir honte de ses angoisses, de ses colères, de ses peurs, de ses indignations, de ses maux. Ils sont les indicateurs précieux que nous transmettent notre corps et notre esprit. Apprenons à comprendre et à parler, et parfois à traduire cette langue de nos émotions. Nous pourrions entendre alors : « Prends-toi en main, ne te résigne pas, trouve la solution, tout est possible. » Plutôt que d'essayer de les faire taire, ou de ne pas en tenir compte comme on nous l'a souvent recommandé, ne les négligeons pas. Ne soyons pas dans le déni de notre réalité émotionnelle. Rappelons-nous Descartes, qui nous a fait à la fois progresser dans la science et dans le même temps régresser en oubliant notre part d'humain. Au contraire, faisons de tout ce que nous sommes et ressentons une expérience à notre service. Identifions, observons, analysons, affrontons, et nous trouverons notre chemin. Pourquoi ne pas oser penser que nous pouvons réaliser nos rêves ?

Ensemble, nous allons apprendre à mieux nous connaître, à accepter notre histoire, pour en faire une force. Nous allons apprendre à être intelligents avec nous-mêmes.

Nous allons livrer bataille. Oh, pas tout le temps. Nous allons choisir nos combats, ceux qui le méritent. Les plus difficiles seront toujours ceux que nous livrerons avec nous-mêmes.

Notre vie vaut bien la peine qu'on se batte pour elle ! Nous valons bien de monter sur le ring et de se relever autant de fois qu'il le faut pour se conquérir, pour se respecter.

Mon père était boxeur. J'ai un lien affectif fort à ce sport. La boxe, c'est le noble art. Le respect de son adversaire. Dans la vie, comme sur un ring, on est parfois K-O, assommé par les coups. Impossible pourtant pour un boxeur de rester à terre. Il apprend à encaisser, à toujours se relever et à se tenir droit.

Il n'y a pas beaucoup de douceur dans ces moments-là, c'est vrai, j'en conviens.

Se relever. Avancer. Faire face. Parce que cette vie vaut d'être vécue. Nous nous devons de nous respecter. Nous méritons de nous battre pour nous-mêmes.

Mais il n'y a pas que les boxeurs, le sport est rempli d'exemples de courage, de ténacité, de rigueur et d'engagement. C'est pour toutes ces valeurs-là que j'éprouve du respect. La médaille souvent évoquée comme ultime consécration de la réussite d'un sportif ne m'a jamais satisfaite. Le sport permet avant tout de construire des femmes et des hommes qui, quels que soient leurs résultats, auront progressé, se seront dépassés, auront eu le courage d'affronter les difficultés avec humilité et passion. Et ça, il ne faut pas le négliger.

Le chemin que nous allons parcourir ensemble fera parfois mal au ventre, fera ressurgir des émotions très douloureuses, nous fera aussi peur, pleurer et rire. Faisons le choix de notre liberté. Quelle fierté de faire le constat de notre progression, d'avoir surmonté et dépassé nos peurs, d'avoir grandi, d'avoir une lecture et une analyse bienveillantes et respectueuses de ce que nous sommes et de tellement d'autres choses encore !

Faisons ensemble le choix de l'intelligence, apprenons à nous adapter à ce qui nous arrive.

Je vous écris aujourd'hui depuis mon cabinet. J'ai posé mon ordinateur sur cette grande table en bois massif qui me sert de bureau. Une vieille table noueuse. Presque rêche par endroits. Une table qui a vécu, et survécu, à beaucoup de choses. Une table qui a son histoire, c'est d'ailleurs pour cela qu'elle est si belle.

C'est ici que je reçois mes patients et, parmi eux, de très grands champions. Ils sont assis face à ces deux fenêtres qui sont derrière moi. Eux aussi posent leurs mains sur cette table.

Une merveilleuse personne avec qui je travaille m'avait offert une très belle orchidée. Une plante magnifique. Je l'ai posée sur ce bureau, mais il semblerait qu'elle n'ait pas résisté aux énergies qui se nouent dans cette pièce. Le lendemain, je l'ai trouvée sans fleurs.

Dans ce bureau se vivent des sensations physiques et psychologiques, des intuitions ; nous envoyons et captons des énergies. En fait, je ne connais pas le mot précis qu'il faut utiliser pour décrire ces phénomènes. La science ne nous a pas encore donné ces réponses. Alors appelons-les des « énergies ». Demain nous aurons des analyses plus fines qui trouveront sans doute des mots plus précis. Par contre, nous ne pouvons pas nier la réalité. L'orchidée n'a pas résisté ce jour-là, je m'en suis occupée quotidiennement et aujourd'hui elle est redevenue magnifique.

Au plus profond de moi, et depuis longtemps, j'ai envie de rendre heureuses les personnes qui viennent me rencontrer et celles qui m'entourent. Soyons honnête, j'assume le fait que cela me rend heureuse de les savoir heureuses. De voir ces sourires et ces témoignages de bonheur.

Je réalise tous les jours à quel point j'ai de la chance d'aider les gens à être heureux, à réaliser leurs rêves. C'est aussi grâce à toutes ces personnes que j'ai accompagnées que je suis toujours aussi passionnée. Elles m'ont tout appris, elles ont fait bouger les lignes, elles m'ont donné confiance en notre travail, elles m'ont donné la force de rester engagée.

Ainsi, de la même façon, si vous le souhaitez, je vous invite sur ce chemin que nous allons construire ensemble.

Juste quelqu'un de bien

Comme beaucoup d'entre vous, j'ai la chance d'avoir des enfants magnifiques qui font ma fierté. Un jour, la plus jeune de mes filles me dit : « J'aimerais tellement porter moi aussi des chaussures à talons. – Mais pourquoi ne le fais-tu pas ? lui ai-je demandé. – Parce que je suis déjà trop grande. » Sa réponse m'a frappée. Littéralement. « Trop grande ? – Oui, m'a-t-elle répété. Je ne vais donc pas chausser des escarpins, même si j'en ai envie, car je serais plus grande encore… » Beaucoup trop grande pour une femme, en quelque sorte. « Tu es grande et belle, me suis-je entendue lui dire. Et personne ne doit t'empêcher de porter ce que bon te semble. Tu seras plus grande encore ? Et alors ? Y a-t-il une taille maximale autorisée ? Une taille qu'on n'a pas le droit de dépasser au risque d'être l'objet de réflexions, de quolibets ? » Le risque, c'est bien ça. Trop grand, trop gros, trop petit… Mais je ne comprends pas qui définit ce qui est correct, acceptable, ou pas ? Ayons en tête que ce qui nous convient est nécessairement ce qui est bien pour nous.

Insensé.

Et pourtant…

Cette histoire pourrait sembler anodine. Elle ne l'est pas. Elle est révélatrice de tout ce qu'on nous apprend sur « ce qui est bien » et ce qui ne l'est pas, sur ce qu'il « faut faire » et « ne pas faire ». Effectivement et heureusement il existe dans la vie des lois, un cadre et des limites qu'on ne doit pas transgresser. Mais, ici, nous ne parlons pas de ça, il s'agit de ces freins et obstacles qui n'ont aucune raison d'être. Il s'agit là de ces barrières de l'absurde qui nous entravent. Ces inconvenances que l'on perçoit dans le regard des autres. Des barrières qui nous empêchent d'avancer. Ces barrières, faisons-les tomber ensemble !

Quel magnifique exemple que le monde sportif, où tout le monde a sa place : les grands, les petits, les maigres, les gros… Ce qui est fabuleux, c'est que chaque spécificité (certains diraient « défaut ») devient même un atout, une force. Celui qui est grand sera sûrement basketteur, volleyeur, et le petit trouvera multitude de sports où il pourra s'épanouir.

Franck Ribéry : trop petit pour le football. Ridicule, lorsque l'on voit la carrière qu'il a faite ! Et que dire de Jérôme Thomas, dont le syndrome de Poland a rendu l'un de ses bras plus court. N'est-il pas devenu double champion du monde et double médaillé olympique ? Il est aujourd'hui encore le boxeur français le plus titré.

Heureusement qu'ils n'ont pas écouté. Heureusement qu'ils ont continué à se battre pour leurs rêves ! Ils savaient peut-être au plus profond d'eux-mêmes que tout était possible, s'écouter plutôt que d'écouter les autres, ceux qui, par leur regard condescendant, leurs moqueries, ont essayé d'entraver leur carrière de champion.

Osons nous détacher du regard des autres, osons revisiter toutes ces histoires qu'on nous raconte, pour enfin savoir ce que nous désirons au plus profond de nous-mêmes, faisons confiance à ce que nous voulons, c'est aussi de cette façon que nous arriverons tranquillement sur ce chemin de l'acceptation. Physiquement et mentalement. Il est urgent de se traiter avec bienveillance, même si ce terme, aujourd'hui « tendance », a perdu de sa force. Pourtant, quoi de plus beau que la « bienveillance » ? Quoi de plus fort et de plus important que de poser un regard « respectueux » sur ce que l'on fait et ce que l'on est ? Attention, « bienveillant » ne veut pas dire « indulgent ». Être respectueux à son égard, c'est aussi être exigeant avec soi-même. Exigence rime d'ailleurs avec bienveillance. Le problème, c'est que ce terme rime aussi avec malveillance. Prenons garde à ne pas les confondre. Il y va de notre bien-être. Ne soyons pas victimes consentantes de notre vie. Respectons-nous même si la vie nous a meurtris, même si elle nous a paru injuste… N'acceptons pas la double peine : j'ai souffert et je continuerai donc à souffrir.

Nous pouvons changer tout ça. Refusons, interdisons-nous d'être des victimes. Battons-nous pour nous-mêmes et avec nous-mêmes plutôt que contre nous-mêmes. Ayons à chaque moment à l'esprit que, avant tout, notre plus féroce adversaire, ce sera toujours nous. Prenons garde à ne pas être complaisants avec cet adversaire que nous sommes pour nous. Tout a toujours un sens et il nous faut comprendre. Mais soyons attentifs à ne jamais nous chercher d'excuse, d'échappatoire, ou à rejeter nos maux sur les autres. Si ce qui nous arrive est de la faute des autres – et quand bien même ce serait le cas ! –, la seule chose qui puisse nous faire avancer est de nous prendre en main. Nous avons un problème, trouvons la solution, comme en mathématiques. Cela prend du temps, c'est vrai. Cela nécessite des efforts, c'est vrai. Alors, identifions nos angoisses, nos craintes, nos blocages, analysons-les et trouvons nos solutions.

Pas si facile, c'est vrai, mais posons-nous à l'inverse cette question : « Est-ce facile de ne jamais trouver de réponses à ces questions ? De solutions à ces problèmes ? Voire de souffrir dans ce cercle infernal de l'angoisse, de la dépression ou d'autres tortures qu'on s'inflige sans en voir jamais la fin ? » Il me semble qu'il est préférable d'avoir mal pour construire une vie agréable, pour atteindre ses propres objectifs plutôt que d'avoir mal en vivant enfermé dans ses propres tourments.

Qu'en pensez-vous ?

Les sportifs de haut niveau se font mal non par masochisme, comme je l'entends souvent dire, mais pour réaliser leurs rêves.

Alors pourquoi pas nous ?

Commençons par nous connaître pour pouvoir nous accepter. Accepter notre différence. Nous sommes uniques.

Pourquoi vouloir ressembler à tout le monde et que tout le monde se ressemble ? Même si nous sommes poussés vers ce type de pensées, rappelons-nous que ce qui est merveilleux, c'est que nous sommes tous différents. Et dans la vie, comme dans le monde sportif, chacun de nous a sa place.

Il nous appartient de la prendre sans en demander la permission à qui que ce soit.

Nous allons commencer par trouver cette place qui est la nôtre. Celle qui nous convient, celle dans laquelle on se sent en harmonie, en cohérence avec nous-mêmes. Notre ambition doit être de poursuivre nos rêves et non nos cauchemars. N'acceptons pas de nous laisser convaincre par d'autres que nous-mêmes. N'acceptons pas de nous contenter de ce que l'on veut bien nous donner. Respectons-nous.

Pour travailler aujourd'hui avec certains des plus grands champions, je m'étonne que nous, Français, ayons autant de mal avec l'« ambition ».

J'ai reçu dans mon cabinet des futurs champions. Des athlètes déjà titrés. Des centaines. Pour ne pas dire plus. Pourtant, rares sont ceux qui ont osé me dire : « Je veux être champion olympique. » « Je veux être champion du monde. » Très peu ont osé affirmer leur ambition. Comme si c'était prétentieux. « Ça ne se fait pas. » Nous avons, nous Français, cette peur de paraître prétentieux, mais nous avons aussi peur de nous faire « descendre » si nous n'y arrivons pas. Cette peur s'appuie, hélas, sur une réalité objective : nous n'avons pas le droit à l'erreur. Comment apprendre, réussir, gagner sans se tromper ? Impossible. Le plus terrible, c'est que l'on entend régulièrement des phrases merveilleuses, du type : « Tout le monde peut se tromper », « On apprend dans la défaite ». Mais, dans les faits, les comportements, les propos des personnes qui nous entourent sont à l'exact opposé. Il faut entendre la violence des mots et de l'analyse de l'entourage, qu'il soit sportif ou médiatique ! On frôle parfois l'insulte. La défaite, pour un sportif de haut niveau, sera toujours violente, voire traumatisante dans certaines situations particulières. Mais en aucun cas elle ne doit être synonyme de « nullité » ou de « faiblesse ». Osons donc être ambitieux si nous le souhaitons. Nous ne sommes pas prétentieux en osant nous avancer pour obtenir le meilleur pour nous-mêmes. Et pour ce faire, il faut s'en donner les moyens.

J'aime cette phrase du grand boxeur Mohamed Ali : « On ne devient pas champion dans un gymnase. On devient champion grâce à ce qu'on ressent ; un désir, un rêve, une vision. On doit avoir du talent et de la technique. Mais le talent doit être plus fort que la technique. »

Le talent, c'est aussi vivre et être heureux avec ce qu'on a en soi. Certainement pas être malheureux avec ce que l'on n'a pas. On m'a beaucoup décriée pour cela. Nombreux sont ceux qui m'accusaient de faire rêver mes patients, de leur faire croire des balivernes. Eh bien, j'ai tout de même continué. Non par obstination ridicule, mais plutôt grâce à toutes les personnes avec qui j'ai travaillé. Ce sont elles qui, dans mes moments d'interrogation et de doute, m'ont apaisée, m'ont donné confiance et m'ont permis de suivre cette intuition.

Merci à elles. Elles peuvent être tellement fières de leur parcours.

Je n'ai jamais promis à quiconque que, s'il venait me voir, il deviendrait champion du monde ou champion olympique. Par contre, je dis qu'il est important de se donner tous les moyens de pouvoir réaliser ses rêves. Je dit aussi que nous partirons toujours pour gagner, mais qu'il faut savoir que nous pouvons aussi perdre. Ce n'est pas grave. Nous recommencerons. Encore et encore.

Parce que ce qui compte, c'est de progresser et de ne jamais se résigner ni abandonner. Je leur ai dit aussi que, même si nous n'arrivions pas à gagner cette médaille, nous avions déjà gagné. Gagné le respect de soi, l'estime de soi, le courage, la ténacité et d'autres choses encore. Ce qui, avant tout, me fait vibrer, au-delà de la médaille, c'est cette pugnacité, ce courage et tant d'autres choses si rarement citées. D'ailleurs, nous ne cherchons pas tous à être champion olympique. Et tant mieux ! Il ne s'agit bien évidemment pas de rechercher tous la même chose. Certains d'entre nous n'ont aucune envie de devenir champion olympique. Certains même ne s'intéressent pas au sport ! Il existe tellement de plaisirs, de façons de vivre. Ce qui est important, c'est de vivre la vie que nous voulons.

Je pense à Olivier avec qui je travaille. Il a une cinquantaine d'années. Il est sportif sur son temps de loisir, mais son métier concerne les affaires. Il n'a jamais vraiment aimé ce qu'il fait aujourd'hui et il rêve de créer une merveilleuse entreprise à vocation sociale et solidaire qui permettrait entre autres de mettre en relation les paysans et les consommateurs. Il hésite. A des doutes sur ses compétences alors qu'il est brillant. Mais pourquoi ? Pourquoi renoncer ? Pourquoi ne pas vivre ses rêves et ses passions ? Il s'est lancé finalement.

Une autre, avocate, veut devenir professeur de yoga. Elle craint de ne pas y arriver, elle redoute le jugement de ses proches…

Stop !

Osons nos rêves ! Donnons-nous l'autorisation de le faire.

Un dernier encore. Il occupait un poste de direction dans une entreprise du CAC 40. Il s'est retrouvé au chômage. La situation est très violente. Rude. Sa situation familiale se dégrade, comme c'est souvent le cas en pareilles circonstances. Il me dit être passé en quelques instants du firmament à « rien », au « vide ».

« Je ne suis rien. » « Plus d'appels, plus de vie trépidante. » Il ne se voit aucun avenir. Comme si son identité se résumait, se confondait avec ce travail qu'il a perdu.

Combien de fois ai-je entendu ces phrases : « Je ne serai jamais rien, je sais, je me connais, je n'y arriverai pas. »

Pourquoi sommes-nous aussi méprisants avec nous-mêmes ? Avec tout ce que nous avons appris ? Pourquoi mettons-nous à la poubelle toute cette richesse ? Progressivement et doucement, le désir de cet ancien grand patron a pu prendre place. Et, un jour, alors que depuis des mois à la question : « Que souhaiteriez-vous faire aujourd'hui ? » il me répondait toujours par : « Je ne sais pas », « Je ne vois pas », « Je ne peux pas », sa réponse fuse, et le surprend lui-même. Il voudrait se lancer dans les médecines alternatives ! Il se reprend. S'en pense incapable. Sauf qu'il a tort. Il est capable de tout.

Souvent, nous pensons : « Je suis mal, mais je ne peux pas tout changer… » Ce sont des pensées. Comment le saurions-nous, alors que nous ne l'avons jamais fait ? C'est vrai, ce n'est pas facile et cela ne le sera pas de le mettre en place. Pas facile, mais pas impossible. Alors pourquoi tout fermer ? Permettons-nous d'ouvrir une autre porte.

Parfois, j'ai l'impression de mettre mon pied dans l'entrebâillement de la porte pour qu'elle ne se referme pas tout de suite. Juste pour que mes patients entrevoient un peu de lumière.

Je ne suis pas un gourou. Je ne leur dirai certainement pas ce qu'ils doivent faire. Je souhaite juste qu'ils s'offrent, à eux-mêmes, cette possibilité.

Dès notre plus jeune âge, on a tendance à vouloir nous rogner les ailes. Notre manière d'éduquer, d'enseigner, est loin d'être bienveillante. Bien entendu, nous avons des enseignants magnifiques qui vivent leur métier comme un sacerdoce et se battent quotidiennement pour leurs élèves. Il n'est pas question de les mettre en cause. C'est le système qui dysfonctionne. Le cadre dans lequel s'intègre l'enseignement. Je n'aime pas particulièrement donner des cours. Non pas parce que je n'aime pas transmettre, c'est même tout le contraire. Mais parce que j'ai souvent face à moi des auditeurs inquiets qui n'osent pas poser de question de peur de sembler stupides. Si j'enseigne, ce n'est certainement pas pour faire mon show devant une salle comble… mais muette. Si j'enseigne, c'est pour aider ceux qui sont venus m'écouter à résoudre les difficultés auxquelles ils doivent faire face. Pouvoir du mieux que je peux répondre à leurs questions. Lorsqu'une personne me pose une question, je suis si contente de pouvoir lui répondre. Je me dis : « Si elle pose une question, c'est que ce que je dis l'intéresse, qu'elle a envie de mieux comprendre. » Ne pas comprendre, identifier ce que l'on n'a pas compris et chercher à comprendre : c'est être intelligent. Et non l'inverse. C'est aussi se donner les chances de résoudre son problème. Or nous, Français, confondons souvent hésiter, trébucher, se tromper, et être en échec, voire être « nul ». Et trop souvent on essentialise l'échec : j'échoue, donc je suis un perdant. Cela aussi est faux. Winston Churchill ne disait-il pas : « Le pessimiste voit une difficulté dans chaque opportunité et l'optimiste voit une opportunité dans chaque difficulté » ? Si je me retrouve en difficulté, c'est que j'ai tenté ! Et si je poursuis et que je me confronte à cette difficulté pour la dépasser, j'ai donc progressé. Il est aussi évident que l'on n'a aucune chance de se tromper lorsque l'on ne fait rien ! En faisant (et en échouant parfois), je me donne la possibilité de grandir, de progresser. Je me donne aussi la possibilité de repérer où sont mes limites et de mettre en place les stratégies pour les dépasser. Et donc de progresser. C'est pourquoi il est très important de se retrouver en difficulté. Évidemment, il ne s'agit pas d'y rester, mais de trouver les solutions pour en sortir. N'ayons plus peur de ne pas savoir, d'échouer. Le risque est surtout de ne jamais progresser. Dans le monde sportif, si l'on a peur de perdre, il est difficile de gagner. Les champions savent que, pour pouvoir gagner, il faut accepter la possibilité de perdre. On se libère de cette peur de se tromper, d'échouer, qui va nous paralyser et nous empêcher de nous exprimer au maximum de nos possibilités. La peur sera toujours présente dans les épreuves de notre vie, c'est bien normal. Il nous faut l'apprivoiser. Elle sera régulièrement là, mais mettons-la à sa place : à côté de nous. Pas face à nous et donc contre nous. C'est là que se trouve sa place. Certainement pas au centre de notre vie.

Autre chose que l'on entend souvent : si nous ne comprenons pas, c'est que nous ne savons pas travailler, ni nous organiser, ni nous concentrer… Bref, c'est notre faute. C'est aussi une des raisons de notre démotivation ou de notre impossibilité à demander de l'aide. Nous n'osons même pas verbaliser que nous ne comprenons pas… Parce que ne pas comprendre, ce serait être nul. Eh bien non ! C'est même tout l'inverse ! La question n'est pas de se juger, d'être en colère contre soi, de se hurler dessus, voire de se maltraiter ! La question est d'identifier pourquoi nous n'avons pas compris… Il est évident que dans un premier temps nous avons essayé de bien faire. Il n'y a aucune raison que nous fassions exprès de ne pas y arriver. Il ne faut donc certainement pas culpabiliser, mais identifier ce qui bloque. La question, ce n'est pas de rabrouer, mais de trouver la solution. Et parfois nous ne pouvons pas la trouver seuls, alors faisons-nous aider ! Je me souviens que, étant petite fille, j'étais plutôt bonne élève. N'y voyez aucune prétention de ma part. C'est juste un constat, c'est comme ça. Je n'avais aucune difficulté dans les matières générales. Par contre, en dessin, en couture (pour ma génération, il y avait encore des cours de couture pour les filles), c'était la catastrophe. Le professeur m'humiliait devant toute la classe en montrant mes épouvantables dessins ou ce qui devait être une petite robe pour poupée. Elle était absolument convaincue que je le faisais exprès. J'en garde, encore aujourd'hui, des souvenirs épouvantables. Mes parents avaient été convoqués alors que je n'étais encore qu'en maternelle. Je me souviens que je regardais tous mes camarades avec envie, et je m'interrogeais : « Mais comment font-ils ? Moi, je n'y arrive pas. » Et comme, en plus, j'avais de très bons résultats dans les autres matières, et notamment en lecture et en écriture, l'institutrice était persuadée que je le faisais exprès. Pis, que je n'en avais rien à faire, du dessin. Ce qui était complètement faux, parce que j'avais une admiration sans borne pour les dessins de mes amis… C'est simplement que je n'y arrivais pas. Et comme je n'y arrivais pas, j'étais punie. Et comme j'étais punie, avant chaque cours de dessin et de couture, j'étais physiquement malade. Raison de plus pour dire que c'était tout de même bizarre d'être malade juste avant ces cours, alors que, dans le cours précédent (de maths par exemple !), je ne présentais aucun symptôme. J'étais une petite fille timide, réservée, on m'avait appris à ne pas élever le ton, à respecter mes enseignants. Une seule chose m'a incitée à résister à ce moment-là : le clin d'œil de mon père ! Je m'en souviens comme si c'était hier, l'institutrice se tenait face à lui, lui expliquant toute la mauvaise volonté que – selon elle – je mettais à dessiner, et mon père m'a fait ce clin d'œil complice. Un clin d'œil qui pour moi disait : « Ne t'inquiète pas, ce n'est pas grave, tu n'es pas douée pour cela, tu seras douée pour autre chose. »

Je réalise la chance d'avoir eu des parents brillants et extraordinaires et un père qui a su m'aider à relativiser tout cela. Mais je sais aujourd'hui que j'aurais pu, comme de nombreux enfants peut-être très sensibles, être abîmée par cette interprétation.

Osons donc l'erreur. Il faut revisiter notre rapport à l'apprentissage. En disant aux gens : « Vous êtes en difficulté ? Mais c'est génial ! Parce que vous êtes en train d'apprendre. » Et c'est le cas. Nous avons tous des limites et, ça aussi, c'est normal. Nous pouvons les accepter et faire avec et c'est bien. Nous pouvons aussi décider de les dépasser et c'est bien aussi. Ce qui est bien, en fait, c'est que ce qui est bien pour nous, ce n'est pas ce qui est bien pour les autres.

Tout comme vous progressez en acceptant l'idée de ne plus pouvoir continuer sur un chemin qui ne vous correspond plus.

Je souhaiterais que chacun d'entre nous voie les opportunités qui s'offrent à lui. Sans nier, bien sûr, les difficultés auxquelles il devra faire face. Et c'est d'ailleurs normal : à partir du moment où l'on veut apprendre, on va se retrouver, à un moment ou à un autre, en difficulté. On va se retrouver dans l'inconfort. C'est un passage obligatoire. Mais c'est ce qui va nous rendre meilleurs avec nous-mêmes en premier lieu, et par conséquent avec les autres. C'est ce qui nous permet de développer des compétences… Nous, Français, sommes « très doués » (!) pour nous dire « difficulté = nullité ». Ouvrons nos dictionnaires et nous verrons que ce ne sont pas des synonymes !

En y croyant, nous finissons par nous éteindre. Nous éteignons notre curiosité, notre envie de comprendre, notre intelligence. Nous piétinons régulièrement cette étincelle qui est en nous et nous rend heureux.

N'ayons pas peur d'annoncer nos ambitions ! Nous, Français, avons peur de ces mots. Non, ambition n'est pas prétention. De nouveau, ouvrons notre dictionnaire. Encore deux mots de la langue française qui ne sont pas synonymes !

Nos champions subissent les mêmes inhibitions. Ils se retiennent d'exposer leurs désirs les plus profonds : champion du monde, champion olympique…

Eh bien, qu'à cela ne tienne ! Soyons prétentieux ensemble pour poursuivre nos rêves !

Prenons le risque de choisir la liberté

Commençons par oublier le prêt-à-porter, le prêt-à-penser. Autorisons-nous le luxe de la haute couture. Nous allons travailler comme ces fabuleuses couturières qui font et refont les robes et toutes ces tenues splendides sans jamais se lasser. Je suis fascinée par tous ces gens de l'ombre dont le goût de la précision, de l'excellence, du travail, est si remarquable. Alors, nous allons travailler aussi à dessiner ce qui nous va, puis construire ensemble ce qui nous convient. Tous nos rêves. Mais, pour poursuivre ses rêves, il faut accepter ses propres ambitions. Soyons prêts à nous offrir le luxe de nos rêves ! Ne nous contentons pas de miettes de la vie. Pour atteindre nos objectifs, nous allons faire du sur-mesure. Effectivement, ce n'est pas le plus facile. C'est vrai, le chemin à parcourir sera parfois rude, douloureux et violent. Nous trouverons toujours de « bonnes » âmes pour nous dire combien ce chemin est risqué – oui, il l'est, mais il vaut la peine d'être parcouru. Quand il devient trop douloureux de rester dans notre vie, faisons le choix d'y faire face. Oui, c'est vrai, c'est dur. Oui, ça fait mal au ventre. De plus, c'est un travail laborieux, constant. Et les résultats de nos efforts se font parfois attendre plus que nous ne l'aurions imaginé. Le bonheur ne nous tombe pas dessus comme par magie, un jour, sans crier gare ! Ça n'existe pas. Le bonheur, l'épanouissement, c'est du travail. En cela, le monde du sport nous donne, encore une fois, un merveilleux exemple. Sur ce chemin que l'on a choisi, nous n'avons pas d'autre choix que de travailler. Travailler encore et encore. Remettre autant de fois que nécessaire l'ouvrage sur le métier. Parce que l'urgence, quand on va mal, c'est de s'en sortir. Et pour cela, il faut d'abord se débarrasser du déterminisme, du fatalisme. Quand bien même nous serions des victimes, ne le restons surtout pas. Trop souvent, j'entends au cabinet : « Eh, Meriem, ce n'est pas possible ! Je suis malheureux, mais on ne peut rien y changer, je suis comme ça. »

Certainement pas. Le destin, on se le forge. Et la vie est si courte. Le paradoxe, c'est que ce sont eux qui m'ont prouvé qu'il était possible d'aller mieux. Et j'avoue m'amuser à leur rappeler, quand ils ont courageusement dépassé leur peur et leurs limites, ce qu'ils m'avaient dit dans les premiers rendez-vous. D'autant plus que certains ont une tendance à l'amnésie ! Le leur rappeler, parce qu'ils doivent être fiers de ce parcours.

Quand ce n'est plus possible, quand la vie devient souffrance, ce sont ces moments qui peuvent nous faire bouger. Ce sont ces moments qui sont propices à l'apprentissage, au changement. Beau programme en perspective ! Donc cela peut être aussi une chance de ressentir l'insupportable ! À nous de la saisir. Réjouissons-nous-en par avance, même si c'est difficile. Et avançons vers notre objectif. Quand c'est trop dur, quand les moments de doute sur nos capacités s'installent, regardons derrière nous le chemin parcouru. Analysons nos progrès. Regardons devant aussi et ne perdons pas de vue notre objectif. Le plus horrible, ce n'est pas la difficulté, ce ne sont pas la peur, les doutes, l'angoisse, l'anxiété, les plus terribles, c'est la résignation. Là est l'échec. L'échec, c'est de se résigner à accepter ce qui ne nous convient pas et nous fait souffrir. C'est de ne pas prendre de décision et de s'installer sur ce territoire angoissant de l'irrésolution, de l'entre-deux, cette place infernale. Cela fait si mal d'avoir accepté d'être malheureux, de regarder derrière soi un jour et de se dire : « J'aurais aimé faire ça, mais je n'en étais pas capable. » Prenons l'exemple de ces couples que j'accompagne. L'objectif est évidemment de résoudre ensemble des blocages, des incompréhensions, de traiter les séquelles des disputes, des conflits, de ces mots violents qui ont laissé des marques, parce que c'est possible de sortir de cette tourmente. Quel bonheur de pouvoir dépasser les moments de crise qui, somme toute, sont normaux dans l'évolution d'un couple ! Mais lorsque nous sommes trop loin l'un de l'autre, lorsque nous nous sommes éloignés au point de ne plus nous voir, de ne plus nous entendre, parce que nous ne nous écoutons plus ; lorsqu'il n'y a plus de solutions… est-ce un échec d'envisager d'être à nouveau heureux dans une autre vie ? L'échec, c'est de se résigner à être malheureux.

Ne perdons pas de temps ! Stop ! Ça suffit. Avançons, ensemble. Rien n'est pire que de regarder les trains passer et de ne jamais monter dedans. De ne pas même essayer. Allons-y. Parce que l'on peut y arriver. Tout est possible, et surtout le meilleur. Parfois nous n'aurons pas envie d'avancer. Parfois, nous penserons : « C'est tellement dur d'avancer », « C'était plus simple avant… » Faux ! Ne soyons pas amnésiques. Nous étions en difficulté, c'est pour cette raison que nous avons décidé de changer. Parfois, nous dirons : « C'est trop dur, je n'en peux plus », « J'ai envie de tout arrêter », « Avant je savais faire… Aujourd'hui je ne sais plus, je n'ai plus de repères », « Ce travail a tout chamboulé, je ne sais plus par où passer, ni que faire », « Revenons en arrière ». Non ! Stop ! C'est normal. Quand on avance sur ce chemin, c'est comme si on était dans la jungle avec nos machettes et que nous devions nous créer un chemin. Cela n'en finit plus. Mais ce chemin, c'est le nôtre, à nous de le faire. Nous avons peur de ce qu'il y a devant, nous ne savons pas, nous ne contrôlons pas ce qui va se passer, ce que nous allons devenir. Oui, c'est vrai, ça fait peur, c'est trop risqué. Arrêtons-nous un instant, réfléchissons. Là, nous en bavons, c'est vrai, mais avant c'était le cas aussi. Quelle est la différence aujourd'hui ? Certes, c'est très difficile, mais aujourd'hui nous construisons, nous ne détruisons plus. Nous avons mal au ventre quand nous n'avançons pas, nous souffrons. Alors préférons souffrir pour avancer que souffrir pour rester sur place. Cette idée-là est importante. J'aime le monde du réel et non de l'illusion. Oh, il est vrai que le monde de l'illusion peut se montrer confortable. Mais c'est dans le monde du réel qu'est la porte d'entrée de la création et du bonheur.

Ce temps de la souffrance, soit nous le perdons en continuant à souffrir sans rien changer, soit nous le mettons à profit pour construire notre avenir. Construire, plutôt que se détruire. Continuons à avancer. Toujours, même quand c'est douloureux, même quand c'est incertain, même quand c'est risqué. Souvent, nous rencontrerons de faux amis, qui nous inciteront à ne surtout rien changer. Ne les écoutons pas. Écoutons-nous. Nous seuls savons ce dont nous avons besoin, ce que nous ne supportons plus, ce que nous voulons changer.

N'oublions jamais que vivre est aussi une prise de risque. Si nous voulons être vivants, nous n'avons pas d'autre choix que de prendre des risques pour être en harmonie avec nous-mêmes. Bien sûr, nous pouvons nous tromper. Mais, après tout, ne vaut-il pas mieux se tromper que de passer à côté de sa vie ? Elle est là, notre question.

Mais, j'en conviens, la liberté est un produit de luxe très coûteux. Effectivement, il est plus facile de gagner de l'argent que de s'offrir sa liberté. C'est douloureux de se désaliéner de tous nos blocages, de nos inhibitions. C'est d'ailleurs l'une des choses que j'aime par-dessus tout dans mon métier : accompagner à la liberté. Oui, je sais, beaucoup me trouveront prétentieuse. Revisiter notre histoire, nos convictions, nos croyances, nos certitudes, nos limites, nos incapacités. Une fois cette étape passée, il nous faudra revoir nos classiques et refaire d'autres gammes. C'est effectivement à nous de tout retraduire dans notre propre langue à partir de notre histoire, de nos valeurs, de nos savoirs, de nos savoir-faire et de nos savoir-être. Ce moment où l'on est comme dépouillé de tout ce à quoi nous avons cru est particulièrement inconfortable. Mais nous n'allons pas tout mettre à la poubelle, loin de là ! Nous allons identifier ce qui nous pose problème et trouver les solutions. Mais pas seulement. Nous allons aussi répertorier tout ce qui nous rend heureux et le garder auprès de nous bien précieusement. Une fois tout cela posé sur notre table de la vie, nous ferons le ménage, restructurerons, mettrons dans l'ordre, et nous verrons enfin clair sur les stratégies à mettre en place.

Albert Einstein disait qu'« il est plus facile de réaliser la fission de l'atome que de changer le comportement des humains ». Je le remercie.

Notre entourage aussi peut avoir peur de ces changements : « Ne bouge pas. Bouger, c'est une prise de risque, et tu pourrais perdre ce que tu as. » Mais c'est normal d'avoir peur ! Nous allons nous engager dans un chemin qui est inconnu, où nous n'avons pas de repères. Nous sommes comme ces petits enfants qui apprennent à marcher. On est debout sur ses jambes tremblantes, on vacille, on ne marche pas droit, on tombe, on n'est pas suffisamment musclé pour tenir sur ses jambes. Alors, parfois, on ne recommence pas tout de suite, mais un jour on recommence et cette fois-là nous n'allons pas tomber. Oh, nous ne serons pas sûrs de nous ! Nos jambes seront encore tremblantes, mais, cette fois, ça y est, nous aurons marché. Nous aurons rejoint la personne qui nous attendait à quelques pas. Et nous serons fiers. Fiers d'avoir dépassé nos peurs, fiers d'avoir tenu jusqu'au bout. Nous allons faire la même chose. Muscler nos jambes, notre tête, et avancer. Mais on va grandir, on va grandir comme on l'a déjà fait.

Alors, au lieu de nous accompagner en disant : « C'est normal, ne t'inquiète pas, pour le moment tu ne sais pas marcher, tu ne sais pas parler, mais tu vas apprendre, c'est normal. On va t'apprendre, on va t'accompagner. Vas-y, c'est là que tu dois aller. Viens, viens, n'aie pas peur, avance, tu vas voir, tu vas tenir. Et si tu tombes, je suis là », certains préfèrent nous dire : « Attention, tu vas tomber », « Attention, tu vas te faire un bleu. Eh bien, tu vois, il fallait rester sur ta chaise, ne pas en bouger. » Imaginons que nous disions ça à un enfant ? Il ne bougerait plus, il ne grandirait pas. Il ne saurait pas marcher, ni parler. Doit-on vraiment lui dire : « Non, ne t'inquiète pas, je vais parler à ta place, je vais même marcher à ta place » ?

Quel mépris pour ce petit être ! Quelle violence !

Nous sommes dans la même situation. Donc, nous ne dirons pas non plus, en gros : « Toi tu ne sais pas. Ah, mais je t'avais bien dit de rester là… Que tu n'en étais pas capable. »

Et le cortège d'autres « gentillesses » qui vont avec ! « Tu n'as pas les épaules. » « Tu vois bien, t'es stressé, tu as peur, il ne fallait pas le faire. »

C'est d'une violence terrible.

Non, nous ne sommes pas des victimes !

Soyons respectueux de nos efforts, de nos bosses et de nos bleus. Réconfortons-nous, félicitons-nous, soyons fiers de nos blessures d'apprentis, elles sont la marque de notre courage.

Quand un champion perd une compétition, il est mal, mais il se prépare à la prochaine avec le désir féroce de la gagner.

N'acceptons pas de violence à notre égard en sachant que la personne la plus violente est souvent nous-mêmes. J'ai mille et un exemples de personnes arrivées en plein burn-out. Elles ont cette tendance à valider le système qui les a mises dans cet état. La culpabilité est si forte… Celle de ne pas avoir réussi alors que les autres y sont arrivés. Celle d'être faibles parce qu'elles ont craqué.

Et ces sportifs qui me disent : « Je suis vraiment nul, j'ai mal joué. Mais quel abruti je suis. Ce n'est pas possible d'être bête à ce point-là. » Ou encore : « Je me débrouille toujours pour compliquer ce qui est simple. » Rappelons tout de même qu'il s'agit d'un champion et que tout ce qu'il fait est complexe.

La simplicité « apparente » de son jeu est en fait le fruit de nombreuses années de travail acharné. Rappelons aussi qu'il a un talent et une intelligence hors norme. Détecté très jeune, très doué évidemment. Du coup… c'est absolument inconcevable de perdre ! Comment serait-il possible qu'il perde puisque c'est un surdoué ? Il le fait exprès ! Reproche sur reproche de son entourage. Du coup, insidieusement, il a retourné contre lui ces différentes humiliations. Il a intériorisé toutes ces critiques jusqu'à s'insulter lui-même. Se traiter de minable. Or il ne s'agit pas seulement de mots qui passent et s'envolent. Tous ces mots se sont inscrits et ancrés de façon solide en lui, comme savent se forger les champions, jusqu'à ce qu'il lui soit impossible de se considérer autrement que par le mépris. Le plus terrible, c'est qu'il n'en a absolument pas conscience. La première fois que je l'ai accompagné en compétition, il m'a dit que je devais lui dire ce qu'il devait faire pour réussir. Il m'a regardée avec ce regard qu'ont les enfants quand ils sont complètement perdus, cette détresse m'a beaucoup touchée. J'étais face à quelqu'un de brillant, d'exceptionnel et il était à tel point abîmé qu'il n'essayait même plus de trouver des solutions. Je suis là pour les aider à trouver des réponses, leur faire prendre conscience de leur force et de ce qu'ils doivent travailler, définir avec eux des stratégies, mais certainement pas « faire » à leur place. Il était convaincu au fond de lui qu'il était idiot, incapable de raisonner, de réfléchir. Il insistait et, comme je ne répondais pas à sa demande, il a commencé à s'énerver surtout contre lui, mais je sentais que cela pouvait basculer d'un moment à l'autre sur moi aussi. Ce moment m'a profondément touchée et je lui ai répondu : « Jamais je ne te dirai ce que tu dois faire, mon travail est de te guider, et non de raisonner et faire à ta place. Et je vais te dire pourquoi. Si je te donne la réponse que tu attends de moi aujourd'hui, c'est que je te manque de respect. C'est que je considère que tu n'as pas les moyens de trouver tes propres réponses, c'est que j'ai du mépris pour toi, comme tu en as pour toi-même. Alors jamais je ne ferai ça. Si tu attends ça de moi, il faut absolument que tu changes de psychologue car je ne le ferai jamais. Je te respecte, tu es brillant, courageux, tu n'as jamais rien lâché, même dans les moments les plus difficiles de ta carrière. Tu es remonté à chaque fois et pourtant tu as été mis K-O plus d'une fois. Et malgré tout ce que tu sais faire, tu me demandes, à moi, ce que tu dois faire ? Tu demandes à quelqu'un qui n'a jamais pratiqué ton sport, qui n'a pas ton talent et ton expertise ? En premier lieu, sache que je ne le sais pas. Et même si je le savais, je ne te le dirais pas. Mon travail, c'est de t'amener à trouver tes propres réponses, et ça, je sais que nous en sommes capables. Plus que toi, je sais ce dont tu es capable. Tu ne te connais pas. Alors on va commencer par ça. »

Il nous a fallu plus d'un an pour qu'il commence à se respecter. Il a encore des traces et des rechutes, mais nous sommes sur le bon chemin. Hier, il me disait que, sur le site d'un des meilleurs entraîneurs au monde de son sport, il y avait une de ses vidéos. Il me disait aussi qu'un ex-grand champion était venu lui demander des conseils techniques. Je suis émue d'avoir lu de la fierté dans son regard. Notre travail n'est pas terminé. Nous allons rester vigilants.

Un autre m'a demandé de lui rentrer dedans systématiquement. Pourquoi ? Parce qu'il se connaît très bien et que, si je ne fais pas ça, il n'avancera pas. Merci de ton aide, cher collaborateur ! Mais il en est aussi hors de question. Je ne suis pas là pour te taper dessus. Je lui ai aussi répondu que je n'ai jamais cru que la violence faisait avancer. Je n'ai jamais cru à « ce qui ne nous tue pas nous rend plus fort ». J'ai envie, lorsque j'entends cette phrase, d'emmener ceux qui l'énoncent dans certains quartiers que j'ai sillonnés à l'époque où je travaillais sur les addictions. J'ai envie de les emmener dans les prisons où je rendais visite aux gens qui ont pris des coups, ou de venir dans les gares où vivent des personnes sans abri avec lesquelles j'ai aussi travaillé. Peut-être doivent-ils constater ce qu'ont fait les coups sur ces enfants qui vivent la guerre. Oui, c'est vrai, la résilience existe, mais peu ont la chance d'en bénéficier. Non, nous n'avancerons pas en nous tapant dessus. Excellence rime avec exigence, mais il ne faut pas la faire rimer avec malveillance. Pourquoi je dis ça ? Parce que, depuis trente-cinq ans que je travaille, c'est dans les environnements exigeants mais bienveillants que j'ai vu les personnes s'épanouir et réussir. Ce sont les personnes dont je m'occupe qui m'ont appris tout ça. C'est à elles que je fais confiance et pas à ces phrases ou ces postures qui ne tiennent pas debout. Le problème, c'est qu'elles ont bonne presse dans notre monde et encore plus dans le monde sportif.

« *No pain, no gain.* » Pas d'accord ! Bien sûr, nous n'aurons pas de résultats sans travail. Mais il nous faut, en plus du travail, de l'intelligence. Beaucoup d'intelligence. Si nous nous abîmons, si nous nous méprisons, si nous nous insultons, nous n'avons aucune chance d'y arriver. Enfin, peut-être à court terme, mais certainement pas à long terme.

Un autre, encore, Christophe Lemaitre. En 2010, lors des championnats de France, il réalise son premier record national sur 100 mètres en 9,98 secondes et devient le premier sprinteur blanc à le courir en moins de dix secondes depuis le chronométrage électronique. Multimédaillé aux championnats d'Europe, du monde, aux Jeux olympiques, il remporte la médaille de bronze à Rio aux JO au 200 mètres. Il me dit : « Meriem, je vais aller à cette compétition. » Je m'en souviens très bien. Il était encore blessé. Cela faisait deux ans qu'il l'était. Blessure physique et blessure psychique. Il voulait aller aux Jeux olympiques. Et nous étions dans l'année olympique. Souffrance ultime d'un grand sportif, non pas due à la douleur, non pas à la crainte d'une intervention chirurgicale, mais au fait de ne plus pouvoir pratiquer son sport. Avoir l'impression de disparaître, de ne plus exister, de mourir à petit feu. Ne pas aller à cette compétition pour lui, c'était ne pas se battre, c'était abandonner. Ne pas être courageux. Lui ? Ne pas être courageux ? Alors, je lui ai dit que je n'étais pas d'accord, car je savais combien il était courageux. J'étais d'accord pour qu'il se batte, mais je ne voulais pas participer à son désastre. Je ne voulais pas être complice de sa descente aux enfers. Je comprenais et même j'aurais respecté qu'il décide de ne pas tenir compte de mes conseils. J'entendais qu'il ne souhaitait pas forcément se battre contre tous ces préjugés idiots et menaçants pour son rêve olympique. Je continuerais même à suivre sa carrière comme je l'avais toujours fait, même avant que l'on travaille ensemble, parce que j'avais un immense respect pour le grand champion qu'il était. Je lui souhaitais du fond du cœur de rapporter la plus belle des médailles. Mais s'il ne souhaitait pas que l'on construise une stratégie ensemble, j'arrêtais notre collaboration. Je le respectais trop pour continuer. Nous avons continué ensemble… Il s'est battu avec courage et détermination mais surtout avec beaucoup d'intelligence. Il a rapporté une très belle médaille des Jeux olympiques.

Ne reproduisons pas le syndrome de Stockholm. Certains penseront que j'y vais un peu fort. Peut-être, d'ailleurs, que de temps à autre… j'y vais un peu fort.

Mais stop !

La situation intolérable dans laquelle on a maintenu certaines personnes les a fait craquer. Sont-elles mauvaises, nulles, comme le prétendent certains ? Certainement pas ! Elles n'avaient simplement pas revisité ce qu'on leur a mis dans la tête en prétendant que c'est comme ça que ça marche. C'est aussi tous ces champions qui m'ont appris tout ça, tout au long de ces années.

Revenons au monde réel et encore une fois appuyons-nous sur des faits et non sur des propos illusoires. La malveillance n'a jamais fait avancer qui que ce soit à long terme. Et maintenant, il faut aller de l'avant. Laissons derrière nous tous ces préjugés, idées reçues et autres chimères qui parfois nous amènent à être des victimes et allons-y ! Que ce soit dans le monde professionnel comme dans le domaine personnel. Mais surtout, surtout, respectons-nous. Soyons indulgents et bienveillants à notre égard. Il m'arrive parfois de secouer les personnes avec qui je travaille. Tout d'abord parce que, contrairement aux injonctions de mes anciens collègues ou patrons, *je ne me suis toujours pas calmée* ! Je me suis même surprise à rétorquer un jour à un collègue qui me disait aussi que ce n'était pas si grave, alors que j'avais en face de moi une championne en dépression sévère et qui ne pensait qu'à une chose, disparaître : « Je supplie le ciel de ne jamais devenir comme toi. Je veux penser que c'est grave. Je veux penser que nous allons donner le meilleur de nous-mêmes pour qu'elle retrouve son sourire. »

Mais surtout parce que je refuse que tous ces gens qui me font confiance se maltraitent ou, pire, se détruisent. Je refuse qu'ils se manquent de respect. J'y tiens au plus profond de mon être. Trop souvent, nous nous manquons de respect. Ça suffit de se faire mal ! Prenons les choses à l'endroit. Soit on est prétentieux et on pense qu'on sait tout, soit on fait preuve de réalisme et on sait qu'on ne peut pas tout connaître, mais on est là pour apprendre ensemble. Ce n'est certainement pas parce que c'est compliqué qu'on est nul. C'est parce que c'est compliqué qu'on progresse. Qu'on apprend enfin à se connaître. Combien d'entre nous se sont retrouvés face à des murs qu'ils ne savaient pas comment franchir ? Chacun d'entre nous a un jour ressenti cette angoisse. Je me souviens d'un champion qui était très en colère. Il était fermé sur lui-même. Très fermé. Un jour, il explose :

« Ça fait quatre ans qu'on travaille ensemble, et je ne sais toujours pas gérer mes émotions. J'ai encore eu des problèmes avec mon équipe, car j'ai explosé.

– OK. Faisons quelques rappels. Tu traverses des moments difficiles depuis plusieurs saisons ? Plus d'une personne aurait sombré dans l'ennui, la lassitude, voire le dégoût. Tu as explosé, car dans ta tête tu n'as jamais lâché ton rêve d'être champion. Bravo à toi ! En fait, tu te mets en colère parce que tu voudrais que cela fonctionne, tu voudrais que toi et ton équipe trouviez des solutions, tu voudrais être champion, tu ne t'es pas résigné. Tu fais un métier où tu gagnes plus que confortablement ta vie et tu pourrais t'en contenter. Tu as une vie agréable, confortable, mais cela ne te suffit pas. Tu as gardé ce rêve depuis que tu es un enfant d'être, comme ton grand-père, un grand champion. Alors continue ! Félicitations, champion ! Ne t'en veux pas ! Nous allons travailler à apaiser cette douleur de ne pas gagner. Tu pensais que le travail psy allait t'anesthésier, te permettre de ne rien ressentir face à l'angoisse, la tristesse, eh bien non ! Sûrement pas ! Si nous faisons ça, nous allons aussi anesthésier tes moments de joie. Bien sûr que l'on ne peut pas exploser sur les autres parce qu'on est mal, c'est totalement défendu. Mais nous sommes des êtres humains et nous pouvons craquer. Évidemment que notre souffrance ne nous autorise pas à la répandre sur les autres. L'idée n'est pas de se trouver des excuses, mais d'accepter notre humanité. Même les champions ne sont pas sans failles. Nous n'allons pas nous anesthésier face à la vie, nous allons apprendre à gérer toutes ces épreuves. Nous ressentirons toujours ces moments d'injustice, de déception, mais nous allons apprendre à nous apaiser rapidement. Nous allons aussi le faire avec ceux que l'on a blessés, choqués, dans ces moments. Nous allons apprendre à accepter et à nous réconforter. »

Je me souviens d'une autre personne. Elle était dans une séparation très conflictuelle. Elle était sur le point de partir tant toutes les tentatives de sauver son couple s'étaient montrées vaines. La séparation n'est pas une solution en soi. Elle traduit le fait qu'il n'y avait pas d'autres solutions. Mais, aussitôt cette séparation évoquée, son conjoint dont elle partageait la vie a fait une tentative de suicide. Il va sans dire que j'ai récupéré cette personne dans un état de choc.

Je l'ai calmée, rassurée. Et là, elle m'a lancé cette phrase qui est restée gravée en moi : « Meriem, je n'ai pas d'autres choix que de revenir. Comment voulez-vous que je fasse ? Je ne prendrai jamais le risque d'avoir provoqué sa mort. » Elle me disait en fait : « Ne voyez-vous pas que c'est impossible ? Ne voyez-vous pas que je suis fautive, qu'il peut mourir à cause de moi ? » Mais fautive de quoi ? De partir quand la situation n'est plus tenable ? De briser le cadre des convenances quand ça ne va plus ? Mais c'est juste vital ! Nous avons dénoué un à un les fils de sa culpabilité. Pour qu'enfin elle comprenne. Et d'abord qu'elle comprenne qu'il lui fallait de toute urgence se protéger. Peu à peu elle a compris que la violence psychologique à laquelle elle était confrontée n'était pas supportable. Que l'amour, ce n'est pas la maltraitance psychologique. Peu à peu elle a compris qu'il fallait qu'elle s'en protège.

Sans faire du mal à l'autre, mais justement en le respectant. En maintenant son choix, on est dans l'authenticité, en cohérence et en harmonie. Éviter de faire des choix maintient aussi l'autre dans la souffrance. Évidemment que l'autre ressent notre propre malaise. Et chaque jour qui passe nous enfonce un peu plus. Encore une fois, ne croyons surtout pas que nous pouvons berner la réalité. C'est nous que nous bernons, mais aussi celle ou celui qui nous accompagne dans notre vie. Quel manque de respect ! Il ne s'agit pas de se faire des reproches, ni d'accuser l'autre de tous les maux. Disons-nous plutôt que c'est ainsi.

Nous n'avons pas vu, nous n'avons pas su. Nous avons vécu une belle histoire d'amour, mais nous n'avons pas su grandir ensemble, nous avons pris des chemins différents. Nous avons essayé et encore essayé. Autorisons-nous alors d'être heureux ailleurs, ne gâchons pas toutes ces années où nous avons été heureux, mais désormais aucun de nous deux ne peut faire du bien à l'autre. Un conjoint ne sera jamais un traitement pour l'autre ou pour le couple. Arrêtons d'être dans l'illusion. Restons dans le concret. Nous n'y sommes pour rien. Un autre jour, elle m'a dit : « Meriem, je voulais juste que vous entendiez que plus jamais je ne serai un petit être obéissant. » Cela voulait dire : j'y suis parvenue, je suis sortie de cet endroit qui ne me convenait plus. Je me suis émancipée. Et aussi cet autre couple anéanti par la souffrance. Ce couple plein de colère après des années d'incompréhension, de malentendus. Chaque mot échangé avait valeur d'uppercut. Parce que le fait de vivre ensemble ne veut pas dire que l'on se connaît. Parce que vivre ensemble ne veut pas dire que tout est permis. Parce que, là aussi, il faut apprendre à se connaître et à se respecter. Eh bien, nous l'avons fait. Ils ont trouvé et construit leur chemin ensemble.

Nous ne pouvons seuls décider du changement. Car une des leçons que nous devons apprendre, c'est que jamais, seuls, nous ne pouvons supporter, transformer un univers professionnel qui ne tourne pas rond. Que jamais, seuls, nous ne pouvons « réparer » un couple en mal de vivre. Nous ne sommes le médicament d'aucune structure, ni d'aucun être. Et la première des forces, c'est de savoir se préserver, et partir quand il le faut, s'il le faut.

N'ayons pas honte de nos limites et reconnaissons nos savoir-faire et savoir-être. Ne nous laissons pas bloquer par nos peurs. N'évitons pas de nous retrouver face à nos questions et allons chercher les professionnels qui peuvent nous aider à trouver les solutions. Nous avons pour habitude de consulter un médecin ou un kiné lorsque nous avons un problème somatique, physique. Prenons l'habitude de prendre aussi soin de notre tête. Prenons aussi cette belle habitude de prévenir plutôt que de guérir. N'attendons pas d'être au plus mal pour consulter un professionnel. Nous en valons la peine.

Consulter n'est en aucun cas un aveu de faiblesse. Bien au contraire. Je considère que toutes les personnes qui me consultent ont fait le constat qu'elles avaient besoin d'être accompagnées par un professionnel pour franchir certaines étapes de leur vie. Quel courage ! On ne se rend pas chez un psy comme chez son médecin. Souvent on appréhende, on ne sait pas trop comment cela va se passer. Par ailleurs, notre profession, psychologue, est entachée de connotations négatives. Ce sont les faibles ou les fous qui consultent. Et aussi… psychologue est aussi un adjectif dont la définition est : quelqu'un qui écoute…

Il suffirait donc d'écouter. Pas besoin de se rendre chez un psy pour y dépenser son temps et son argent.

Tout le monde peut être psychologue. Ce qui sous-entend aussi qu'il n'y a pas besoin de formation. Je dois avoir de nombreux collègues beaucoup plus doués que moi parce que, en ce qui me concerne, j'ai dû aller à l'école pendant quelques années ! Je ne dois vraiment pas être douée, car je continue encore aujourd'hui à me former ! Notre profession ne jouit pas d'une excellente réputation. Nous en sommes, nous psy, aussi responsables. Mais nous ne sommes pas là pour entrer dans ce débat.

Un père de famille manifestement très affecté par l'état de son fils m'a téléphoné un soir. Son fils avait vu un reportage sur Teddy Riner. Dans ce dernier, Teddy expliquait longuement combien l'accompagnement psychologique avait été déterminant pour sa carrière de champion. Et le fils, qui, jusque-là, refusait de consulter, a dit à son père : « Si Teddy consulte, alors moi aussi je veux et je dois le faire. Ça ne veut pas dire que je sois faible, ni que je sois fou. »

Au-delà d'être un sportif de haut niveau, Teddy a été le premier à montrer l'exemple. Même quand on est bien, intelligent, fort, on consulte pour apprendre encore et encore, pour devenir meilleur encore et encore. Si Teddy Riner consulte pour être heureux, pour être bien, cela veut donc dire qu'on n'est pas faible parce qu'on va consulter. Si l'un des plus grands champions de la planète consulte, ça veut dire que ça nous est ouvert à tous, et que nous ne sommes pas « nuls » de le faire. Teddy est notre plus bel ambassadeur de la psychologie dans le sport, mais pas seulement. Il a fait réfléchir et avancer de nombreuses personnes. Encore une fois, je l'en remercie du fond du cœur. Grâce à lui, de nombreuses personnes sont allées consulter des psychologues.

Ne soyons pas dans le déni de nos limites. Nous avons les moyens d'en faire des forces. Car, oui, faire le constat de ce que nous ne savons pas, c'est faire preuve de courage. De beaucoup de courage. Et c'est faire le premier pas pour devenir meilleur.

Et il en a fallu, du courage, à Teddy Riner, pour assumer d'aller voir une psy alors qu'il n'avait que quatorze ans et demi, et que dans ce milieu aller voir un psy était un aveu de faiblesse. Je m'en souviens comme si c'était hier. Il était accompagné par Paulette Fouillet, responsable de l'accompagnement des équipes de France de judo à l'Institut national du sport de l'expertise et de la performance, et ex-judokate. Quatre fois championne de France, trois titres européens. Elle a été la première femme entraîneur dans un milieu composé majoritairement d'hommes. Évidemment, pour en arriver là, elle était brillante, exceptionnelle, et avait une très forte personnalité. Teddy a été le plus jeune judoka français à entrer à l'Insep. Elle a donc considéré qu'il avait absolument besoin d'un accompagnement psy, qu'il était jeune, loin de chez lui, entouré de plus grands que lui. Paulette n'était pas du tout pro-psy. Mais cette femme intelligente savait que, pour lui, ce serait nécessaire. Il faut dire que Paulette, qui nous a malheureusement quittés, paix à son âme, pouvait se montrer parfois un peu autoritaire ! Elle me manque tellement, elle était une femme extraordinaire. Enfin, soyons juste, elle insistait sans relâche auprès de notre secrétaire qui ne savait plus comment s'en dépêtrer. Elle voulait me voir maintenant et tout de suite, alors que ma consultation était pleine à craquer, ce que lui expliquait ma collègue. Cette insistance m'a déplu. Je ne la connaissais pas. Les premiers échanges ont été tendus, puis nous nous sommes apaisées. Ses arguments étaient justes, pertinents, laissant entrevoir la femme brillante, attentionnée et bienveillante qu'elle était. Alors j'ai mis de côté la forme du début, j'ai baissé les armes et ensemble nous avons travaillé pour apporter à Teddy l'accompagnement dont il avait besoin. Pour lui, mais aussi beaucoup d'autres judokas.

Il est sorti de ce premier rendez-vous et, du haut de ses quatorze ans, il m'a dit : « Je veux un autre rendez-vous. » Et, depuis, on ne s'est jamais quittés.

L'histoire ne s'arrête pas là. Quand il s'est retrouvé sur le tatami avec tous ces champions qui étaient beaucoup plus âgés que lui, il a dit, comme ça : « Je suis suivi par Meriem Salmi, ça me fait du bien. » Tout le monde était scotché qu'il le reconnaisse, sans honte, sans peur, sans fausse pudeur. Tout simplement, en fait.

Alors que tout le monde se moquait.

Rappelons qu'aller voir un psy dans un monde de champions dans ces années-là était tout bonnement impensable. Quand Teddy est arrivé, on sortait d'une génération de très grands champions. Quand on m'a rapporté la simplicité avec laquelle il parlait de son suivi psy, je me suis dit : « Waouh, OK ! Lui, il est exceptionnel. »

Romain Grosjean, grand coureur automobile, est venu dans un premier temps pour améliorer ses performances sportives. J'ai pour habitude de consulter régulièrement la presse, et plus particulièrement de suivre ce que disent les médias sur les sportifs dont je m'occupe. Et voici ce que Romain dit très rapidement après notre première rencontre : « Je suis venu voir au départ Meriem pour la performance. Mais si je continue aujourd'hui à travailler avec elle, ce n'est pas que pour ça, c'est pour être un meilleur homme, et un meilleur mari » (à l'époque il n'était pas encore père).

Pour moi, ce qu'a dit Romain est fondamental, car je m'occupe avant tout d'êtres humains. C'est leur humanité qui m'intéresse. Et le fait d'oublier que nous sommes des êtres humains nous conduit sur un mauvais chemin. Nous nous perdons.

Arrêtons-nous maintenant sur nos élites intellectuelles, ces hommes et ces femmes dont le potentiel, l'intelligence, la force de travail sont remarquables. Pour la plupart d'entre eux, on a hypertrophié leur cerveau « intellectuel » et hypotrophié leur cerveau « émotionnel ». Nous ne pouvons pas être en équilibre dans ces conditions-là. Il leur est souvent reproché de ne pas comprendre les hommes et les femmes qu'ils dirigent. On peut peut-être s'interroger sur les failles de leur formation plutôt que de les juger. Je me souviens de ce père venu me voir avec sa fille adolescente. Cette jeune fille marquait à grands coups de cutter sur ses avant-bras ce que lui faisait endurer son cerveau. Cette torture de l'esprit qui ne vous lâche jamais, qui est là au réveil, vous poursuit avec acharnement toute la journée et vous empêche de dormir. Elle pensait que faire mal à son corps était moins douloureux que ce qu'elle vivait dans sa tête. Quelques moments de répit organisés par la douleur physique. Son père, brillant polytechnicien, tétanisé par la douleur de sa fille, n'a pas pu prononcer un mot. Ce père dont les responsabilités étaient énormes, dont les journées de travail se terminaient si tard, était muet. Incapable d'exprimer le moindre réconfort. Incapable même d'affronter son regard. Si nous faisons un arrêt sur cette scène, nous pourrions imaginer que ce père est épouvantable, qu'il n'a pas de cœur. Faux ! Il ne sait pas, lui non plus. Il est pourtant empli d'un amour incommensurable pour son enfant, mais il ne sait pas le lui dire. Nous apprendrons ensemble cette langue de l'émotion et pas seulement la langue intellectuelle. Cette langue qui nous permet de mettre en mots et de transmettre à l'autre ce que nous ressentons.

Une autre histoire, encore. Mathieu Bastareaud, joueur international de rugby, sort d'un match tellement déçu et en colère qu'il se met à pleurer. Eh oui ! Ce colosse de plus de 110 kilos, connu pour ses impacts dévastateurs, pleure. Face au journaliste qui l'interroge à propos de sa tristesse, il répond : « Eh bien oui, je pleure, je suis un être humain. »

Alors, oui, réconcilions-nous avec notre humanité.

Autorisons-nous le luxe de notre humanité.

Osons affirmer notre différence

Aimons l'idée de la nécessité, de l'obligation pour nous du sur-mesure. Pour notre vie, pour nos choix, pour nos rêves. Qu'est-ce à dire ? Osons ce qui nous correspond vraiment. Osons nos goûts, nos dégoûts. Osons nous affirmer dans notre diversité. Ne nous laissons pas bloquer par le regard des autres.

Je vous ai raconté mes difficultés en dessin ! Évidemment, il y a des choses tellement plus graves dans la vie. La preuve en est que je considère être gâtée par la vie. Nous allons y revenir, mais pas pour se plaindre ! Beaucoup se sont sortis brillamment d'un certain nombre de situations éprouvantes. L'idée est plutôt de mettre en lumière notre façon d'éduquer : montrer du doigt ce que nous ne savons pas faire. Montrer du doigt en nous disant que ce n'est pas normal. Montrer du doigt en nous disant que c'est impossible d'être aussi nul. Et là commence une forme de suspicion. Nous le faisons exprès, ou nous sommes bêtes… Ce système sera ensuite relayé par un monde du travail qui, hélas, fonctionne souvent de la même manière. Nous n'avons pas appris à faire autrement. Or… nous ne sommes pas tous doués pour les mêmes choses, nous n'avons pas tous les mêmes aptitudes ni les mêmes talents. Heureusement, d'ailleurs ! Donnons quelques exemples du quotidien pour expliquer et comprendre notre mode de fonctionnement. Je suis nulle en dessin, ça, vous l'aurez compris. Mais ce n'est pas tout. Je suis également un désastre en électricité et une terreur en bricolage. Accrocher une tringle relève de *L'Étoffe des héros*. On a beau m'expliquer les choses des dizaines de fois, je suis incapable de comprendre. Au bout d'un moment, gênée de ne pas percuter, je me sens obligée de lâcher un « oui, oui » de politesse à mes professeurs d'un jour, honteuse que je suis de les avoir déjà si longuement accaparés pour un résultat aussi médiocre… Je passerai, pudiquement, sur mon sens de l'orientation. Je pourrais dire que le GPS a changé ma vie… même pas. Même si je pense pouvoir dire que j'ai un peu progressé aujourd'hui.

Il y a des domaines où nous devons évoluer. Mais il y a aussi des domaines où il est important de prendre conscience que nous savons et parfois même que nous excellons ! Alors pourquoi s'acharner à ne relever que ce qui ne fonctionne pas ? Je vous propose de faire l'inverse ! Ou plutôt mettons-nous à l'endroit ! C'est ce qu'on appelle le bon sens. Si nous passons notre temps à faire focus sur ce qui ne va pas, à quel moment va-t-on se concentrer sur ce qui va bien ? Si nous passons notre temps à faire focus sur ce qui ne va pas, à quel moment allons-nous avoir de l'estime pour nous-mêmes ? Si nous passons notre temps à faire focus sur ce qui ne va pas, à quel moment allons-nous nous faire confiance ? Si nous passons notre temps à faire focus sur ce qui ne va pas, eh bien nous allons aller mal ! Mettons-nous dans le bon sens ! Relevons nos territoires d'excellence et apprenons ce que nous ne savons pas faire. Je ne fais pas l'apologie du renoncement, mais je ne fais pas pour autant l'apologie du masochisme ! Mettons en exergue l'importance de l'effort et du travail, mais de façon à ce qu'il y ait du sens, de l'intelligence. Pourquoi devrions-nous tous réussir dans les mêmes domaines et de la même manière ? Les travaux des neurosciences nous apportent aujourd'hui la preuve de ce que nous avons toujours pressenti : nos cerveaux ne sont pas organisés de la même manière, nous n'avons pas tous les mêmes aptitudes. Les anciens le savaient intuitivement sans avoir recours aux neurosciences ! Nous sommes tous différents et c'est ce qui crée l'harmonie du vivre-ensemble. Que la vie serait morose et ennuyeuse, sinon !

Nous nous comportons comme si nous étions tous issus du même moule, faits du même bois. Nous pensons que chacun d'entre nous devrait tout savoir et savoir tout faire. Nous pensons peut-être que nous sommes des surhommes ou bien même des dieux ? Abandonnons nos fantasmes de toute-puissance pour revenir au réel ! On y est beaucoup plus confortablement installé que dans le monde de l'illusion ou de l'absurdité. Disons poliment que l'omniscience est une légende. Quittons ce monde mythique avec plaisir. Ce monde qui nous fait croire à des balivernes. Ne les banalisons pas, ne les négligeons pas, elles sont puissantes et se sont renforcées au fil du temps dans notre environnement comme dans notre tête. Elles nous font souffrir et nous amènent parfois jusqu'à la pathologie. Ne nous laissons pas convaincre que le fait de ne pas savoir est un manquement. Ne nous laissons pas convaincre que tout est simple à comprendre ou à faire. Ces injonctions qui nous font poser ces questions : « Mais alors ? Si je ne comprends pas ? Suis-je un idiot ? » Certainement pas ! Ce n'est pas parce que nous ne comprenons pas que nous ne sommes pas intelligents. Nous n'avons peut-être pas cette faculté à comprendre certaines choses que notre entourage comprendra – peut-être et tant mieux pour lui ! – brillamment. Nous ne sommes pas faits pour les mêmes choses, tout simplement. J'ai pour habitude de dire que nous n'avons jamais su définir le portrait robot du futur champion parce que cela n'existe pas. Eh bien, cela n'a pas marché. Certains ont même tenté de réunir des personnes à haut potentiel intellectuel, en vue de fournir à la population des êtres dotés de capacités intellectuelles hors normes. Notamment Robert Graham et sa fabrique de génies. On a juste oublié un paramètre de la même façon que Descartes a oublié notre humanité. Nous nous constituons aussi dans notre environnement. C'est aussi dans les stimulations, l'amour et plein d'autres choses que nous nous formons. L'épigénétique s'intéresse à l'étude des changements dans l'activité des gènes. Cette science passionnante nous apprend que les modifications épigénétiques sont induites par l'environnement au sens large. Nous avons des goûts différents, des prédispositions différentes. Ne nous obligeons pas à nous apprécier ou à nous gaver de ce que l'on n'aime pas. Réjouissons-nous de notre diversité. Elle est riche. Aucun des grands champions que je suis ne pratiquera son sport de la même façon qu'un autre, c'est ce qui rend chacun d'entre eux exceptionnel. Il en est de même pour nous, à notre niveau. Chacun de nous à sa place. Nous nous complétons, et c'est ce qui est magnifique.

À l'occasion d'une de mes conférences, j'avais donné ce titre « De la doctrine de la minceur à la psychopathologie de l'apparence ». Combien de femmes et maintenant d'hommes sont concernés ? J'ai tellement reçu de femmes mal parce qu'elle considéraient avoir quelques kilos de trop. Elles n'étaient pas en souffrance parce qu'elles avaient un problème de santé lié à ce poids. Elles l'étaient parce que, à en croire ces magazines ou les médias à l'approche de l'été, le corps qu'elles avaient n'était pas celui qu'elles auraient dû avoir. Que cela me rend triste ! Le critère que nous devons retenir est notre santé et non notre balance. Souffrir, sans problèmes de santé, parce qu'on ne répond pas aux critères de beauté d'aujourd'hui… Encore une fois, mais pourquoi ? Qui décide pour nous de ce que nous devons être physiquement ? Tous les corps sont beaux ! Prenons la belle habitude de nous éloigner de ces commandements qui ne s'appuient sur rien d'autre qu'une grosse machine commerciale. La génétique, pour le moment, définit pour une grosse partie notre physique. Se battre contre cette réalité génétique ne fera que nous rendre malheureux ! Apprenons plutôt à accepter la réalité, même si elle ne correspond pas à ce que l'on nous propose aujourd'hui. Acceptons ce que nous sommes physiquement et psychologiquement. N'acceptons pas de nous laisser imposer des choix au point de nous rendre malades. Nous sommes ce que nous sommes et c'est très bien ainsi. J'aime les mots « respect », « indulgence », « bienveillance ». Ils sont si doux. Pour l'être avec les autres, commençons par l'être avec nous-mêmes. Assumons nos différences. J'ai cinquante-six ans. Et j'ose enfin dire mes goûts et mes dégoûts. Je n'aime pas le jazz par exemple, ce qui, dans le milieu intellectuel dans lequel j'évolue, est quasiment un crime de lèse-majesté. Je n'aime pas Picasso non plus. Inacceptable ! Mais dire : « Je n'aime pas », cela ne signifie pas que je renie l'œuvre, l'intelligence, la qualité de ces artistes. Simplement, ça ne me fait pas vibrer. J'aimerais bien que ça suscite chez moi une émotion. Mais force est de constater que ce n'est pas le cas. La rencontre avec cet artiste ne produit rien chez moi. Je ne vais pas faire semblant de l'idolâtrer pour faire plaisir à tout le monde. Je m'accepte comme je suis. Mon merveilleux ami Yannick m'a rabrouée un jour alors que je m'extasiais devant un magnifique yacht amarré dans un port corse. J'aime les bateaux. Et je trouvais celui-là bien dessiné, fin, beau. Mon ami me lance, d'une voix un peu courroucée : « Ne me dis pas que tu t'intéresses à ce genre des choses ? » Dans un premier temps, je me tais, en pensant sagement qu'il va s'arrêter là... Mais il insiste : « Je ne comprends pas, je ne comprends vraiment pas. Toi qui t'intéresses aux choses profondes, qui aimes la vérité ! L'effort ! Comment peux-tu aimer le bling-bling ? » Je savais que je ne pouvais plus éviter le combat, alors j'ai répondu : « Je pense que tu vas être encore plus déçu de savoir que j'aime aussi les diamants, les belles tenues des grands couturiers... Plein de choses inutiles et sans valeur probablement à tes yeux. » C'est vrai que, si l'on ramassait des diamants comme les cailloux, ils n'auraient aucun intérêt, je suis d'accord. Bien sûr qu'il existe des causes plus nobles que d'admirer un yacht ou une robe. Mais tout cela fait aussi partie de moi, de mon être. Mes défauts, comme mes qualités. Mes forces, comme mes faiblesses. Mes goûts, comme mes dégoûts. Yannick est si doué d'affection et de respect que je ne l'ai pas déçue, il m'accepte lui aussi. Comme je suis.

Il m'a fallu moi aussi du temps pour trouver mon chemin. J'habitais avec mes parents une banlieue parisienne plutôt bourgeoise. À l'école, j'avais toute ma petite bande, c'était la mienne. Beaucoup, je m'en rends compte aujourd'hui, étaient un peu cabossés, c'était mon arche de Noé. À cette époque, j'avais peur.

Je ne savais pas me défendre. Mais le seul moment où je me dressais contre les autres, c'était lorsque l'on touchait à l'un des miens. Cela m'était insupportable, ils étaient comme moi, ils ne savaient pas se défendre. On dirait : « Trop gentil », « trop sensible », « trop faible ». Je ne supportais pas qu'on leur manque de respect, qu'on leur fasse du mal. Il faut dire que les valeurs familiales maraboutiques m'avaient depuis ma vie fœtale inscrite dans l'aide et dans le prendre soin des autres. Avec le recul, je prends conscience que, depuis ma petite enfance, ma vocation était de protéger, d'accompagner et d'accepter les gens comme ils sont. Ne jamais juger. Il y a tout de même une chose avec laquelle, aujourd'hui, je ne sais pas faire : c'est la violence. Elle m'atteint, je le sais, je dois être vigilante. Dans ces moments-là, je dois faire un effort important sur moi pour ne pas l'être moi-même car, c'est sûr, cela me détruirait. Je n'ai pas été équipée pour ça. Au début de mon histoire, je n'agissais que par instinct, par passion. Je voulais défendre ceux que j'aimais. Mais ce n'est pas ainsi que l'on accompagne quelqu'un. C'est important, bien sûr, mais ça ne suffit pas. La première des choses, c'est de ne pas faire à la place des autres. Mais on ne peut aider les autres que lorsque l'on sait qui on est, ce qu'on veut pour soi-même en premier lieu. Comment je réagis dans telle circonstance ? Ah, je réagis comme ça ? Pourquoi ? Pourquoi j'ai conduit ma vie comme ça ?

Il nous faut nous identifier, nous analyser et trouver nos solutions. Celles qui nous mèneront régulièrement à ces moments de bonheur tant convoités. Cela paraît si simple ! Méfions-nous ! C'est assez complexe. D'autant plus que nous avons du travail. Défaire une grosse partie de ce que nous nous sommes dit sur nous. Revoir nos préjugés. Nos schémas tout faits… Faisons comme nos paysans, qui savent comprendre la terre, la lune, le soleil. Ils vont ensuite semer des graines et puis, en fonction du vent, de la pluie ou de la sécheresse, ils vont voir quelques pousses se lever. Elles ne grandiront pas toutes de la même façon, il faudra alors comprendre ou accepter. Et peut-être refaire. Parfois la récolte sera belle. Et parfois non. Comme des paysans, nous recommencerons encore et encore. Là aussi, il s'agit de sur-mesure. Il n'y a pas une seule règle, une seule méthode qui fonctionne pour tous. Je pense qu'il n'y a pas de méthode. Chacun d'entre nous doit « bricoler » la sienne. Nous allons construire avec ce que nous sommes. Nous allons acquérir des connaissances, des savoirs, des savoir-faire mais aussi des savoir-être. C'est une évidence, et pourtant…

Quand j'ai commencé dans ce métier, je suivais des jeunes, à l'époque on les appelait des « délinquants », des « toxicomanes ». Certains passaient une partie de leur temps en prison. J'essayais de comprendre comment ils en étaient arrivés là. Ils représentaient les « cas sociaux ». Ils étaient en échec scolaire. Et pour nombre d'entre eux, une intelligence à fleur de peau broyée par leur quotidien. Une intelligence cachée par la grisaille et le brouillard de leur vie. À cette époque-là, nous ne connaissions pas d'autre chose que l'intelligence intellectuelle. Aujourd'hui, nous avons enfin ouvert la porte sur d'autres formes d'intelligence. Heureusement ! S'il n'y avait que cette intelligence intellectuelle, le monde ne pourrait pas fonctionner ! Rappelons tout de même que l'intelligence peut se résumer à la capacité d'adaptation à l'environnement. Aujourd'hui, des scientifiques d'excellence se consacrent entièrement à l'intelligence émotionnelle. Selon Peter Salovey et John D. Mayer[1], l'intelligence émotionnelle est une forme d'intelligence qui suppose la capacité à contrôler ses sentiments et ses émotions, et ceux des autres, à faire la distinction entre eux et à utiliser cette information pour orienter ses pensées et ses gestes.

J'ai pour habitude de dire que le travail psychologique est au service du développement de l'intelligence. Offrons-nous la possibilité d'être plus intelligents pour savoir nous adapter en permanence à notre vie. Nous devons comprendre que chacun de nous est fait de mille et une contradictions. De mille et une limites. De mille et une aptitudes. Et que chacun de nous est unique. Je me souviens d'un champion de boxe venu me voir pour un épisode dépressif sévère. Ses centres d'intérêt avaient toujours été très éloignés de l'école. Au cours de notre premier rendez-vous, il a à peine prononcé quatre mots. Par contre, son regard déterminé et sa concentration pen-

1. P. Salovey et J. D. Mayer, « Emotional intelligence », *Imagination, Cognition and Personality*, 9.3, 1990, p. 185-211.

dant l'entretien étaient assez hallucinants. Comment savoir si j'avais bien expliqué ? Comment savoir si j'avais été utile ? Comment savoir s'il allait écouter mes recommandations ? La seule indication dont je disposais est qu'il a repris un rendez-vous pour la semaine suivante. Je le revois donc, sans beaucoup plus d'échanges verbaux, mais au fur et à mesure des regards, au fur et à mesure non pas des mots mais avec un autre langage, celui des émotions, nous communiquons. Je perçois son intérêt, je perçois son envie d'aller mieux et je perçois qu'il a mis en place ce dont nous avons « parlé » avec une compréhension et une rapidité impressionnantes. Soyons en cohérence et en harmonie. Au cours de notre travail, nous allons souvent avoir le sentiment que certaines émotions n'ont rien à faire l'une avec l'autre, voire qu'elles sont en contradiction. Cela parce que nous faisons une confusion entre la logique intellectuelle et la logique émotionnelle. Ce sont deux mondes qui utilisent deux langues différentes.

Osons l'excellence

Souvent, la performance comme l'excellence sont décriées. Pourquoi ? Vouloir être excellent, c'est peut-être avant tout s'accorder le respect qu'on mérite. L'idée n'est pas de s'évaluer par rapport aux autres, mais de s'offrir le meilleur à soi-même. La performance a une connotation péjorative, c'est la même chose pour l'argent. Mais en quoi l'argent ou la performance nous sont-ils nocifs ? C'est ce qu'on en fait qui peut être nocif ! Pas la performance en elle-même. Si elle sert à se faire du mal, qu'elle devient une obsession, n'existe que pour elle, ou pour comparer ses performances avec les autres et se vanter, elle n'a aucun intérêt. Mais la performance n'est pas cela. Elle est tout simplement un résultat dont nous allons nous servir. L'excellence n'est pas réservée à une élite. Tout le monde peut être excellent. Je repense à tous ces champions qui, parfois, ne gagnent pas. C'est aussi de l'excellence. Si on décide, soi, sans pression aucune, d'être excellent, parce qu'on considère que l'excellence est ce qui va nous rendre heureux, faisons-le.

En dehors du monde sportif, on me fait souvent le reproche d'aimer la compétition. Oui, je l'aime, effectivement. Je l'aime jusque dans le sport que je pratique. Et pourtant, je me prends de sacrées raclées. Mais ce qui me fait progresser, c'est cette personne meilleure que moi, à laquelle je dois me confronter. C'est elle qui m'amène à me dépasser. À gagner. Parce que gagner, pour moi, est avant tout un jeu qui m'amuse.

Quand je reçois un athlète qui vient de perdre, nous nous posons cette question : « Qu'a-t-on appris de cette expérience ? » On débriefe, on décrypte, on analyse, et nous savons ce que nous devons travailler ensemble. Génial, nous avons encore une nouvelle chose à mettre dans notre cartable. Ce précieux cartable de notre parcours et de nos progrès. Viser l'excellence n'empêche pas la défaite, mais la défaite nous fait progresser et permet l'excellence. À nous de cerner ce qui n'a pas fonctionné et de comprendre pourquoi ça n'a pas fonctionné comme on le souhaitait. Ne jamais refaire le match après coup : « J'aurais dû faire ça ou alors ça. » Une compétition ne se joue pas après. Elle se joue au moment présent ! Comme la vie, d'ailleurs. Si nous n'avons pas fait ci ou ça, c'est qu'à ce moment-là nous ne pouvions pas le faire. Nous n'en n'étions pas capables. Arrêtons, là encore, d'être prétentieux pour ensuite en souffrir. Mieux, arrêtons de nous prendre pour des idiots. Enlevons tous ces jugements de valeur et travaillons à comprendre pour savoir ce que nous devons encore travailler. Fatigue, préoccupation, trop de préparation jusqu'à être cuit. Douleurs. Trop d'envie. Trop de pression. Un adversaire plus fort ce jour-là. Il y a tellement de choses. Ne perdons pas de temps à nous en vouloir. Beaucoup pensent : « Je ne veux pas me chercher d'excuses : si j'ai raté, c'est de ma faute, je suis le seul responsable. » Et ensuite, une fois que l'on s'est dit ça, on continue à se taper dessus. À se maltraiter. Stop ! Là, nous ne travaillons pas, nous nous enfermons dans un constat médiocre. Ouvrons vers l'excellence. Analysons de fond en comble les raisons et trouvons les solutions pour ne plus se retrouver dans cette situation. Il me semble que c'est plus intéressant et plus riche… Chacune des expériences que l'on va accumuler sera un trésor de notre vie.

L'excellence fait partie de ces mots qui sont réservés à une certaine population. On est excellent parce qu'on a fait Polytechnique, l'ENA, l'ENS, etc. Oui, c'est vrai. Mais pas seulement. Il y a des paysans qui sont absolument excellentissimes. Il y a des artisans qui sont excellentissimes. Mais ils sont moins visibles, moins valorisés. S'ils le sont jamais. À l'occasion d'un week-end au sud de Paris, nous entrons dans une boulangerie où cela sent si bon le pain et les pâtisseries. À côté de la boulangère, sa petite fille d'à peine huit mois. Elle est là et interpelle tous les clients pendant que sa maman nous sert. Elle est à croquer. Le lendemain, nous revenons, le pain est si bon que nous avons l'intention d'en rapporter avec nous. Je la félicite pour ses pains merveilleux et demande par la même occasion des nouvelles de son bébé qui n'est plus là aujourd'hui. Ses yeux se remplissent de larmes. Elle m'explique qu'hier elle n'avait personne pour garder son bébé, que son mari est aux fourneaux et qu'elle doit s'occuper de la vente. Elle m'explique aussi que des clients lui ont fait la remarque que sa fille devait avoir froid. Qu'elle ne devrait pas la laisser dans la boulangerie. Quelle violence dans tous ces jugements ! Elle nous raconte aussi à quel point elle et son mari sont heureux d'avoir acheté leur boulangerie. Ils sont tous les deux passionnés de pain et de pâtisserie. L'excellence est aussi leur passion. L'excellence n'existe pas que dans le monde des élites, ne l'oublions pas. Tous nos artisans, paysans, qui se lèvent tôt, ont des vies dures, eux aussi peuvent être à la recherche de l'excellence. Pour certains d'entre eux, ils se présenteront même à des concours pour l'amour de leur passion…

Donc l'excellence est partout. Et si on n'a pas envie d'excellence, eh bien, on a le droit aussi. Si on a envie de se dire : « Ah non, alors moi, là, il n'en est pas question, je suis très bien, je suis heureux comme ça », c'est magnifique aussi !

Je pense à Éloyse Lesueur, sauteuse en longueur, championne du monde en salle en mars 2014 à Sopot, après avoir remporté le titre de championne d'Europe en 2012 à Helsinki et en 2014 à Zurich. Elle se bat pour revenir depuis plusieurs années, suite à de nombreuses blessures. En février 2018, elle redevient championne de France en salle en battant le record national de la longueur. Le chemin qu'elle a parcouru est tellement au-dessus de cette médaille. Elle a remporté la médaille du courage et de l'intelligence, et tellement d'autres encore.

C'est aussi pour cela que j'aime autant ce monde sportif. Pour la rigueur, le courage et l'humilité. Les sportifs aussi sont rarement valorisés pour leur intelligence. Ils ont assurément un corps musclé, mais les médisants pensent que leur tête ne l'est pas ! Fumisterie ! Après avoir écouté et suivi des centaines de sportifs de haut niveau, j'affirme que ce sont des personnes dont les capacités hors normes ne s'appliquent pas uniquement à leur corps, mais aussi à leur tête. Ils sont brillants. Ce sont des femmes et des hommes qui se battent, qui se font mal à l'entraînement tous les jours. Certains jugent ça puéril. Certains disent même qu'au prix où ils sont payés c'est normal. Certains confondent le sport comme loisir et le sport quand on en fait son métier. Par ailleurs, rappelons tout de même que de nombreux sportifs ne gagnent que très peu d'argent. Demandez à un lutteur ce qu'il gagne et si sa notoriété est à la hauteur de ses performances et médailles ! Certains d'entre nous considèrent que ce monde n'est pas très intéressant, c'est leur droit, je le respecte. Ce que je trouve inacceptable, c'est le mépris. Le mépris lorsqu'ils entendent certains se tromper dans les termes utilisés. Ne pas avoir le vocabulaire approprié, ce serait une tare ? Eh bien soit ! Certains d'entre nous ne maîtrisent pas l'art oratoire ! Mais qu'en est-il de la maîtrise technique de leur discipline ? Qu'en est-il de leur finesse d'analyse du jeu en un temps éclair ? Qu'en est-il de la gestion de leurs émotions ? De leur intelligence émotionnelle ? De leur intelligence psychomotrice ? Je respecte tout ça. Ce qui est le plus important, c'est de s'intéresser non pas à l'objet de ce qu'ils font, mais à ce que ça développe chez eux, comme chez ceux qui les regardent. Le sport procure une émotion inouïe. « Émotion », de l'ancien français (XIIIe siècle) « motion », du latin *emovere*, « mettre en mouvement ». C'est tout à fait cela dans ce monde. Le sport est un lieu unique d'émotions.

D'autres mondes du mouvement sont aussi concernés, comme celui des danseurs de l'Opéra que j'accompagne. Quelle émotion intense devant ses ballets sublimes !

Toutes ces personnes ne parlent pas et pour autant elles sont capables de nous transmettre par cette intelligence du corps des émotions incomparables et uniques. Et pourtant, elles sont si humbles. Cette humilité s'est renforcée tout au long de ces années de travail, de défaites comme de médailles. Elles restent humbles parce qu'elles savent toutes que la performance est fragile et donc précieuse. Celle-ci s'appuie sur de nombreux paramètres, sur un encadrement de qualité et beaucoup d'autres choses. Elles savent qu'aujourd'hui elles ont gagné, mais que peut-être, demain, elles perdront. C'est ce qui les empêche de devenir médiocres. Elles remettent leur titre en jeu à chaque fois. Peu de confort dans ce monde, mais beaucoup d'efforts sans être sûres du résultat, sans être sûres de gagner. Un jour, une sportive qui avait raté sa qualification olympique de si peu que c'en était assourdissant d'injustice me dit : « Je repars sur une autre olympiade à la condition d'être sûre d'y aller ! » La douleur avait été si forte qu'elle ne se rendait même pas compte du paradoxe dans lequel elle était. Et alors que je mourais d'envie de lui répondre : « Cette fois, c'est sûr, tu y seras », je lui ai répondu : « Tu sais déjà que nous ne pourrons jamais répondre à cette question. Par contre, ce que nous pouvons faire, c'est de nous préparer et nous donner tous les moyens de réussir. »

Ceux qui connaissent de très grands champions savent que la grande majorité d'entre eux sont des gens humbles avec des qualités humaines extraordinaires. « Je ne suis pas le gars le plus courageux du monde en dehors du court de tennis. Être seul dans le noir est quelque chose que je n'aime pas », aime à dire Rafael Nadal, l'un des plus grands tennismen de l'histoire, pour lequel j'ai une admiration infinie. Ou encore cette phrase du footballeur Zinedine Zidane : « Les performances individuelles, ce n'est pas le plus important. On gagne et on perd en équipe. »

Combien y a-t-il de personnes sur la planète capables de faire ce qu'ils font ? Très peu. Prenez les Jeux olympiques, combien sont-ils ? Un par catégorie dans les sports de combat. Un seul par nation dans d'autres disciplines. Les meilleurs de la planète, en fait. Ce sont des gens qui ont réussi à dépasser tant de choses et qui ont fait preuve de tant d'intelligence à tous les niveaux. Et pourtant ces personnes qui représentent l'excellence de l'excellence peuvent échouer. C'est tellement complexe, la performance.

Le travail des paysans, c'est la même chose. Il faut aligner certains facteurs, certaines conditions… Et pourtant, tout peut vous échapper, à cause de la météo, à cause du froid, de la chaleur… C'est si fragile. Et c'est ce qui doit nous rendre admiratifs et humbles face à la performance.

Nous n'avons pas tous le même point de vue dans ce monde du sport de haut niveau. Disons que certains d'entre nous tiennent à préserver l'humain. C'est la position notamment de Ghani Yalouz, aujourd'hui directeur général de l'Insep. Il a réussi ce que personne d'autre n'avait réussi avant lui. Dans un premier temps, au sein de sa fédération d'origine, la lutte, en tant que directeur technique national (DTN), en ramenant la médaille d'or de Steeve Guénot et la médaille de bronze de son frère Christophe. Il devient ensuite DTN de la Fédération française d'athlétisme et rapporte dix-huit médailles de championnats d'Europe et, des JO de Rio, six médailles. Record non égalé depuis 1946. Lui aussi défend cette approche de l'humain, et je l'en remercie. À ce propos, notre première rencontre a été provoquée par une jeune lutteuse qui était en grande souffrance. Elle ne faisait pas partie des numéros 1 à la lutte. Et pourtant son DTN s'est déplacé à mon bureau pour elle. C'était la première fois q'un DTN le faisait. Ce rendez-vous m'a marquée. Grâce à son courage et à son intelligence, il a apporté la preuve de l'efficacité de cette approche. Quand j'entends des phrases comme : « Tue-le ! », « On va à la guerre ! », je frémis. Mais ça existe. Certains ne considèrent le sport que comme ça. Pourtant, l'objectif n'est en aucun cas de tuer l'autre. Le but, c'est de se dépasser soi-même avant tout. Mais certainement pas à n'importe quel prix. Je ferai le maximum pour qu'on ne détruise pas des personnes dont je m'occupe pour qu'ils remportent une médaille. Les athlètes sont là pour rapporter des médailles à la France. Parfait. Magnifique. Nous allons travailler pour ça. Mais certainement pas à n'importe quel prix. Il n'en est pas question. Je me transforme parfois en dragon pour protéger les sportifs. Il y a trente-cinq ans, on m'avait dit : « Tu te calmeras… » Je n'arrive pas à me calmer et je prie le Ciel de ne jamais me calmer.

L'héritage est une richesse

Mon formateur de thérapie familiale systémique[1] est le premier à m'avoir dit… que j'étais la fille de mes parents ! Je me pensais révolutionnaire dans ma famille… Il m'a montré que je n'avais rien inventé, j'avais tout simplement reproduit ce que mes parents m'avaient appris. En fait, j'étais leur digne héritière. Grâce à lui, j'ai mieux compris encore la chance que j'avais eue d'avoir des parents fabuleux. Ils se sont battus pour apprendre. Et ils m'ont transmis leur goût du savoir. « Apprendre » était pour eux une chance. « Apprendre » n'a donc jamais été une corvée pour moi, mais un plaisir. En cela, ils m'ont tellement facilité les choses.

Pourquoi ne faisons-nous pas de notre héritage une force ? Nous sommes tous les enfants de parents. Nous avons tous notre histoire. Chacun avec nos limites.

---

1. Cette méthode thérapeutique veille à une compréhension globale portant sur les interactions du groupe et les caractéristiques du système dans lequel les personnes vivent.

J'avais des limites, moi aussi, très fortes, mais si mes parents ne m'avaient pas donné tout ce qu'ils m'ont donné, je ne serais certainement pas là où je suis aujourd'hui. J'aimerais tellement que chacun d'entre nous fasse de son héritage une merveilleuse histoire. Car, à quelques cas pathologiques près, quelques monstres qui sont des parents atroces, nous avons tous un héritage intéressant. Nous pouvons au moins tenter d'en faire quelque chose de fantastique. À nous de nous en occuper.

Quand ma mère voulait nous transmettre une valeur importante, elle nous mettait en cercle autour d'elle. Et elle nous racontait une histoire. Une histoire qui, en fait, était une règle de vie. De manière imagée, elle nous expliquait comment nous comporter. Chacune de ces saynètes était comme une fable de La Fontaine. Chaque histoire avait une morale. J'aimais ces moments où mes frères et moi écoutions ce que notre mère nous racontait.

Je me souviens aussi de cette insistance chronique à faire du bien aux autres. Je me souviens que mes parents tenaient à ce que nous rendions visite ou apportions le dîner à deux mamies de notre immeuble. Je me souviens de ces femmes seules. L'une, adorable, était d'origine russe. Elle vivait dans un tout petit appartement où ses colombes volaient en liberté. J'en avais une peur bleue… J'étais une enfant et elles venaient se poser sur ma tête. Je ne savais plus que faire. Je ne voulais pas y aller. Je me souviens de cette autre mamie rongée par la solitude… et la méchanceté ! Elle nous faisait des grimaces. D'elle aussi, j'avais peur. Mais nous devions y aller ! Pas moyen d'y échapper… Je n'avais pas le choix ! Pour mes parents, hors de question de laisser qui que ce soit de côté. Avec le recul, je me dis : quelle chance extraordinaire j'ai eue ! Quelle chance d'avoir été accompagnée, guidée par la parole, par les mots. Sur le coup, je ne m'en rendais pas compte. Parfois même, je trouvais cela étouffant. Parfois même, toute cette bonté me cassait les pieds. Certaines fois, j'avais envie de crier : « Mais laissez-moi tranquille ! »

Cet enseignement était si riche et fort. Il avait notamment la force de nous montrer quelle chance nous avions de vivre en bonne santé et heureux.

Mes parents m'ont insufflé cette force inouïe.

Un jour, je regardais un catalogue avec des maisons plutôt luxueuses. Et je m'entends encore dire : « Je ne pourrai jamais avoir ça. » Ma mère arrive derrière moi et me demande : « Qu'est-ce que tu viens de dire ? Répète, s'il te plaît ? » J'étais gênée. Sa réponse a fusé : « Et pourquoi ? Quels sont tes arguments ? » Je lui ai dit : « Ça coûte trop cher, je ne pourrai jamais. » Et elle de rétorquer, presque tranchante : « Si ce n'est qu'une question d'argent, il n'y a pas de problème. Tu peux être ce que tu veux, avoir ce que tu veux ! Tout, tu m'entends ? » Et de renchérir : « Tu sais comment on fait pour tout avoir ? Tu sais ce qu'on va faire ? On va travailler pour ça et tu as intérêt à bien travailler à l'école. C'est comme ça que tu auras tout dans la vie. Tout. »

Cette force, je la tiens de mes parents. Ils m'ont tout donné. J'avais le terreau sur lequel me construire. Et je suis convaincue que chacun de nous a le terreau pour se construire. Même si parfois… ce n'est pas le meilleur terreau au départ, ou pas celui qu'on aurait voulu. Mais, sur ce terreau, il pousse toujours quelque chose. La pugnacité, le courage peuvent même rendre fertile n'importe quelle terre. C'est le constat que je fais de toutes ces années de pratique. La grande majorité des gens que j'accompagne m'en ont fait la démonstration. Beaucoup, en arrivant dans mon cabinet, pensaient qu'ils n'étaient pas capables. Je me souviens de cette jeune gymnaste atteinte d'anorexie mentale et qui, à la suite d'un long combat mené avec brio, m'a envoyé l'un des plus beaux messages que j'aie reçus : « Meriem, je ne savais ce que ça voulait dire d'être heureuse, aujourd'hui je le sais ! » D'autres, que leur parcours chaotique avait laissés sur le côté des sélections. Inexistants pour les équipes de France. Ils passaient sous les radars. Je me souviens d'un sportif qui n'envisageait même pas un instant pouvoir être aux JO et encore moins d'en rapporter la plus belle des médailles.

Un autre avait vécu des traumatismes terriblement graves pendant ces années de préparation olympique. Il s'était fait agresser dans la rue par des inconnus, avait subi une séparation douloureuse et des blessures à répétition. Tout cela avait entraîné un épisode dépressif grave associé à des troubles anxieux. Et tout cela ne l'a pas empêché, quelques mois plus tard, de rapporter à sa fédération l'une des plus belles médailles aux Jeux olympiques.

Toutes ces histoires, je ne les ai pas lues dans un livre. Je les ai vécues avec eux, à leurs côtés. Et même quand beaucoup n'y croyaient plus, nous n'avons rien lâché. Et ces champions incroyables se sont battus sans relâche. Même quand leur entourage pensait : ils sont finis. Eh bien non, je ne peux pas me résoudre à cela. Tant que ce n'est pas fini, on continue ! Chacun de ces athlètes va se relever. Je le sais. Je le sens. Ils ont le terreau pour se reconstruire. Ce n'est pas de la mythologie. Je sais que c'est possible. Et puis, pourquoi cela ne le serait-il pas ?

On reproche souvent aux psys d'avoir été aussi « touchés » que les personnes dont ils s'occupent. D'avoir eux aussi suivi des chemins sinueux. Et d'avoir au fond choisi ce métier parce qu'ils avaient, eux aussi, besoin de trouver leur voie. C'est certainement vrai. Rappelons que nous sommes des êtres humains et que ce n'est pas parce que l'on est médecin que l'on ne peut pas tomber malade. Mais je pense aussi que c'est un merveilleux exercice que de réussir à mettre une histoire compliquée au service des autres. Mon histoire professionnelle trouve son origine dans mon histoire personnelle. C'est d'ailleurs le cas pour chacun d'entre nous. Et alors ? Où est le problème ? Soyons indulgents et observons encore une fois. Derrière un professionnel, il y a avant tout un homme ou une femme. Ce qu'a appris cette personne durant sa vie ne s'apprend pas à l'école. Pourtant, cet apprentissage aussi est précieux. Pourquoi ne pas le transmettre ? Pourquoi ne pas faire preuve de générosité ? L'expérience, y compris émotionnelle, s'est toujours transmise, depuis la nuit des temps.

À ce propos, il est si triste que nous ne soyons pas capables de respecter l'expérience de nos anciens. Et de s'y attacher pour la comprendre. Non pas pour en faire un copier-coller. Mais pour en faire un patrimoine de réflexions, un trésor de savoirs dont nous pourrions nous servir. Il est vrai qu'aujourd'hui la tendance est de ne valoriser qu'une infime partie de notre vie. Disons, grossièrement, entre 17 ans et 35 ans. Tout le reste ne mériterait-il donc pas qu'on s'y intéresse ? Cette période est effectivement riche, mais les autres moments de notre vie aussi ! Il semblerait que nous devions aussi effacer nos rides et tout ce qui nous fait paraître au-dessus d'un âge fixé. Beaucoup d'entre nous souffrent aussi de leur âge, de leur image. Quel gâchis ! Veillons à ne pas nous laisser embarquer dans ce monde de l'illusion qui tend à nous dire que prendre de l'âge est un désastre. Encore une fois, restons bien ancrés dans le monde réel. Nous avons de la chance de vieillir ! Certains nous diront – et c'est vrai – qu'avec les années nous perdons certaines capacités, que les maladies sont plus fréquentes, que nous ne pouvons plus faire ce que nous faisions étant jeunes. C'est aussi vrai dans une certaine mesure. Mais, encore une fois, est-ce qu'éviter ou fuir cette réalité inéluctable changera le cours du temps ? Non ! Acceptons le temps qui passe comme une richesse ! Effectivement, il y a des choses que nous ne ferons plus. Je suis une ancienne gymnaste et il m'est impossible de remonter sur des barres asymétriques, une poutre ou tout autre agrès. Qu'à cela ne tienne ! J'ai ensuite fait du basket ! Et… là encore est venu un moment où ce n'était plus possible. Eh bien aujourd'hui je pratique le karaté ! Et c'est grâce aux limites qui se sont imposées à moi que j'ai appris d'autres choses. Des choses que je n'aurais probablement jamais envisagées tant j'ai aimé la gym puis le basket… Et cela m'aurait fait passer à côté de tant de choses. Car… je viens d'obtenir ma ceinture noire de karaté ! Aujourd'hui, je suis riche de tout ce que j'ai appris. Eh bien, c'est aussi cela que nous allons apprendre. Vieillir n'est pas un « moins » dans notre vie, mais un « plus ». Un trésor d'expériences, de savoirs, de savoir-faire et de savoir-être. Alors profitons de ce trésor à notre disposition !

Après cette longue parenthèse, revenons à cette question des émotions. Nombreux sont les professionnels en psychologie – mais pas seulement – à qui l'on a demandé d'inhiber ou de bloquer leurs émotions face à leurs patients. Mais pourquoi ? Au nom de cette sacro-sainte « neutralité bienveillante » ? Effectivement, c'est un exercice délicat. Il ne s'agit pas de raconter sa vie, de s'identifier ou même de vouloir faire à la place des gens. Il est plus que nécessaire d'avoir pris de la distance par rapport à sa propre histoire et de bien se connaître. Transmettre à partir de notre histoire, de nos savoirs, de nos propres expériences est un exercice périlleux. Mais il est précieux et riche. Osons prendre ce risque ! Les personnes que nous accompagnons sont sensibles à cette générosité, à cette mise à disposition d'une partie de ce que nous sommes. Ces effets miroirs contrôlés, mesurés finement, sont aussi une manière de se positionner non pas *face* aux personnes dont on s'occupe, mais *avec* les personnes dont on s'occupe. Je tiens à cela.

Derrière chaque professionnel, il y a une femme ou un homme riche aussi de son expérience humaine et pas seulement du savoir appris à « l'école ». « La valeur d'un homme tient dans sa capacité à donner et non dans sa capacité à recevoir », disait Albert Einstein.

Nous allons aussi trouver notre chemin grâce à notre propre héritage. Allons de l'avant ! C'est aussi avec notre histoire familiale que nous avançons. Regardons devant nous.

Je me souviens d'un dîner très désagréable passé en compagnie d'amis où était aussi présente une femme d'une cinquantaine d'années. Elle a accaparé la parole durant tout le repas. Et elle n'avait qu'un mot à la bouche : « ma mère ». Bien entendu, pas pour en dire tout le bien qu'elle en pensait. Mais pour crier tout ce qu'elle en avait souffert. Un repas entier à écouter, ou plutôt entendre – tout le monde y était contraint ! – cette femme de cinquante ans, ayant passé vingt ans en analyse, nous dire : « Ma mère, ma mère, ma mère, ce monstre. » N'y tenant plus, je trouve une excuse pour m'échapper. Quelle horreur, quelle tristesse ! J'ai aussi pensé : « Change de psy, ce n'est pas possible ! » J'étais triste pour elle qu'elle n'ait pas réussi à sortir de cette boucle infernale de la répétition de l'horreur. C'est vrai, certains d'entre nous ont plus souffert que d'autres. Mais si nous ne sortons pas de cet enfer et que nous le faisons vivre éternellement, si nous le faisons revivre toute notre vie durant à l'intérieur de nous, alors nous sommes victimes de notre vie, et c'est la double peine permanente. Nous avons souffert, par conséquent nous souffrirons toujours. Nous cultivons notre malheur en quelque sorte. « Au secours » ! Non !

Ne nous enfermons pas dans une vision mortifère de notre héritage. Les parcours ne sont jamais linéaires. Aucune histoire de vie ne l'est. Aucun parent n'est parfait. Freud disait : « Le plus dur métier au monde est celui de parent. » Ne nous enfermons pas dans le malheur. Ne considérons pas que cet héritage est une assignation à résidence et que nous devons nous comporter comme de simples supports passifs. Hors de question de nous retrouver dans la situation de cette femme qui, à cinquante ans passés, continue de s'empêcher de vivre, parce que sa mère aurait été monstrueuse. Avançons.

Ne nous laissons pas tenter par : « Je n'ai pas eu de chance. » Mais examinons plutôt et cernons les mille et une choses merveilleuses qui nous ont été offertes et qui nous donnent notre force de vie. Appelons cela notre chasse au trésor. Ne subissons pas la dure loi du malheur. Levons la tête, et affrontons notre bel avenir.

Là encore, je dois avouer avoir être gâtée par la vie. J'ai eu beaucoup de chance d'avoir des parents dont l'une des valeurs fortes était la dignité. C'est encore eux qui m'ont transmis l'envie et le courage de faire face. J'ai compris tellement de choses après coup grâce à mes parents. D'abord que nous étions tous différents. J'ai été élevée dans une famille où un humain en valait un autre. Je suis la fille de ces parents-là. Des parents à l'écoute et dans l'engagement. Mes parents défendaient des causes humaines : syndicalisme, militantisme, antiracisme… Tous, nous sommes issus d'une famille. La mienne est française d'origine algérienne, plus précisément kabyle. Ce sont des Berbères, et *Berbère* se dit aussi *Imazighen*, « homme libre ». Une famille « maraboutique ». Ils faisaient partie de ces premiers soignants du corps et de l'âme, de ces sages qui écoutaient et soignaient. D'ailleurs, dans notre famille, il y a de nombreuses personnes qui prennent soin des autres… Ce n'est certainement pas un hasard. Il y a aussi des personnes qui font du mal aux autres ! Nous sommes le fruit de cet héritage. Très jeune, j'aimais écouter mes amis, j'aimais surtout trouver la solution pour qu'ils ne soient plus malheureux. Cela les rendait heureux et moi aussi. Je suis faite de tout ça. De toutes leurs résistances à la violence. De ce passé de montagnard, de paysan à l'âme rude et généreuse. De ces hommes et ces femmes qui sans cesse remettent le métier sur l'ouvrage.

J'ai perdu mes parents très tôt, trop tôt. Beaucoup trop tôt. Et pourtant, voyez, je suis chanceuse. Gâtée par la vie d'avoir eu des parents comme eux.

Je me suis façonnée avec cet héritage. Je préfère envisager l'héritage comme une force, plutôt que de le subir. Trop souvent, nous, psys, sommes concentrés sur tout ce qui ne va pas. Et nous considérons donc l'héritage comme uniquement pathologique et générateur de souffrances. Pourtant, nous ne sommes pas prisonniers d'un passé dont nous ne pourrions nous défaire. Nous sommes aussi forts de ce passé. Voilà, notre chasse au trésor a commencé…

Nos racines sont importantes. Si nous les renions, c'est une partie de nous-mêmes que nous rejetons. Surtout pas ! C'est tellement douloureux. Offrons-nous le luxe de faire le tri dans ce fameux héritage. Jetons à la poubelle ce qui ne nous convient pas. Mais, par contre, gardons le reste. Je suis certaine que nous allons découvrir des trésors insoupçonnés.

« Celui qui oublie ses racines n'atteint jamais sa destination », prophétisait Aristote.

Pour pouvoir utiliser et mettre à notre service ce patrimoine, nous allons apprendre. Encore une fois. Savoir ce qui nous convient, pour en faire une force. Il faut en passer par un apprentissage, encore une fois, une meilleure connaissance de soi. Et cet apprentissage est un dur labeur. Cela nécessite du temps, du travail sur soi et sur notre rapport aux autres. Se réapproprier pour avancer. Mais, tous, nous pouvons tendre vers notre excellence. Parfois, nous aurons envie de le balancer, cet héritage ! Il y a quelque temps, j'échangeais avec l'une de mes cousines (une Salmi !). Elle m'expliquait qu'elle préparait un examen, mais qu'elle avait tout de même trouvé le temps de monter sa société, tout en occupant une fonction de responsable dans une autre entreprise… Et en veillant au bien-être de ses trois enfants ! Je l'entends encore me raconter tout cela, le plus naturellement du monde. Sans une plainte. Elle est passionnée et cela lui semblait tout à fait normal. Je me permets tout de même de lui dire : « Tu ne crois pas que tu devrais songer à te reposer un peu ? » Elle a alors éclaté de rire et m'a répondu : « C'est toi qui me dis ça ? » Elle me rappelle alors que nous avons été programmées pour deux choses : faire le bien et travailler. En nous remémorant ces anecdotes, on s'est dit qu'on comprenait mieux qu'il y ait dans notre famille autant de « monstres » et de « fainéants ». On nous a beaucoup mis sous pression, si bien qu'à un moment donné : « Ras le bol ! » Certains ont décidé qu'il était hors de question pour eux de faire le bien et de travailler beaucoup !

C'est dire que nul d'entre nous n'a un héritage parfait. Arrêtons cette course à l'illusion. Restons dans ce monde du réel qui est tellement plus beau, tellement plus vrai. Nous pourrons même en rire ensemble. Le rire, cette extraordinaire façon de prendre du recul. Sachons rire de nous-mêmes sans crainte. Sachons rire parfois de nos incohérences. Sachons rire aussi de nos lâchetés. Sachons rire de nos peurs. Il n'y a rien de dramatique dans tout ça. C'est la vie, et elle n'est pas parfaite. Tant mieux ! En n'étant pas parfaite, la vie nous oblige à bouger les lignes, à grandir, à progresser. Le rire est une formidable arme contre les moments de doute et de désespoir. Mais le refus de son héritage… ce n'est pas possible. Tout simplement parce que nous le portons au plus profond de nous. Alors acceptons-le, ne le subissons pas. Prenons dans cet héritage ce qui nous permettra de nous construire. Et puis, effectivement, nous pouvons nous dire : « Quelle famille atroce, quelle pression ! » Oui, certainement, sur quelques aspects, mais pas sur tout. Et puis mettons-nous à l'endroit. Reprenons les éléments dans le bons sens. Soyons objectifs, c'est ce que nous allons faire de ces valeurs héritées qui va mettre du sens dans notre parcours. Mettons-nous dans le bon sens.

Faire le bien ! J'ai parfois perçu des doutes quant au rapport désintéressé aux choses des bénévoles, des personnes travaillant dans l'humanitaire. Il est vrai qu'eux non plus ne sont pas parfaits. Qui l'est ? J'ai perçu des méfiances. Certains osant même avancer que ces personnes « trouvaient leur compte » à se consacrer aux autres bénévolement. Et donc que ce n'était « pas bien ». En dehors des escrocs – qui restent bien heureusement minoritaires ! –, j'ai une admiration sans bornes pour ces femmes et ces hommes qui consacrent leur vie aux autres. Ils en tirent une satisfaction personnelle, bien sûr, et alors ? Où est le problème, encore une fois ? Heureusement ! Sinon, nous serions là dans une relation déséquilibrée, voire malsaine. Il existe un bonheur de rendre les gens heureux. Je réponds toujours à ces doutes que je préfère largement encourager des personnes qui, par intérêt personnel, par inclination, vont faire du bien aux autres ! Mieux vaut ça que le contraire, non ?

Par ailleurs, le travail n'est pas synonyme de corvée. Il peut aussi être passion, épanouissement, partage... Bien entendu, il existe des personnes qui souffrent dans leur travail. Soit parce que les conditions sont extrêmement difficiles, soit parce qu'elles n'aiment pas ce qu'elles font... Et, évidemment, ces personnes me trouveront « indécente ». Je leur souhaite du fond du cœur que les choses changent pour elles. Mais, pour tous les autres, regardons encore une fois, observons, je suis certaine que nous allons faire des découvertes heureuses. Et puis, pour ceux qui n'aiment définitivement pas le travail ou qui n'y trouvent aucun intérêt : ils ont aussi le droit ! Affirmons que nous avons droit à cette différence.

Peut-être que, si je n'avais pas baigné dans cet héritage, si je n'étais pas issue d'une famille très stimulée par l'empathie, je n'aurais pas la chance d'exercer le métier que je fais. Un métier qui me passionne depuis trente-cinq ans. Si je n'avais pas été poussée comme je l'ai été vers les autres, je ferais probablement un autre métier. Sans doute, je ne serais pas allée, si jeune, au-devant de ceux qui souffrent. Même si c'est venu, j'ai envie de dire que c'est à mon insu. Car je n'ai rien fait pour ça. Mais il n'y a jamais de hasard. On est poussé par certaines choses pour lesquelles on a été préparé, stimulé. Il se trouve que la vie a fait que je suis entrée dans un organisme de formation qui s'occupait de jeunes en difficulté. Je faisais mes études, et je travaillais en même temps. J'avais vingt et un ans. C'était mon chemin. Je me souviens de ces jeunes. Pour la plupart, ils étaient plus âgés que moi. Je me souviens aussi de mes premiers pas auprès des malades du sida. J'allais sur le terrain, je distribuais des seringues. On se faisait traiter de tout. De dealers en blouse blanche, de démagos... Pas toujours très agréable. Souvent cette opposition suscitait chez nous doutes et remises en question. Il faut se souvenir que, à cette époque-là, ces malades mouraient du sida dans des conditions atroces, parfois, pour certains d'entre eux, dans des caves.

J'ai débuté en Seine-Saint-Denis, auprès de jeunes en difficulté. Très tôt j'ai été portée vers les questions d'addiction. J'ai même sillonné les quartiers à bord d'un bus. À l'époque, cela ne se faisait pas encore. Aujourd'hui, beaucoup vont au-devant des personnes en difficulté et je m'en réjouis. Ce qui était alors « inacceptable » est devenu aujourd'hui « normal ». J'ai aussi été directrice de centre de soins en addictologie à Paris. Durant toutes ces années auprès d'un public en grande difficulté, j'ai eu la chance de rencontrer des gens extraordinaires, des soignants, des gardiens d'immeuble, des policiers, des enseignants... Tous m'ont accompagnée dans ma démarche. Et notamment m'ont appris à me protéger. J'ai toujours été très sensible à la souffrance des autres. Si je n'avais pas appris à m'en protéger, j'aurais été détruite. C'est un travail que de savoir le faire, aussi je remercie mes enseignants, mon psychanalyste et autres thérapeutes qui m'ont accompagnée dans mon parcours. Je leur suis si reconnaissante. Je ne supporte pas l'injustice, le mépris. Du coup, je réagis. Parfois un peu trop, c'est vrai. C'est viscéral. J'essaie de m'améliorer. Et j'agis. Pour changer les choses. Pour trouver une solution. On m'a souvent reproché d'être trop active, parfois d'être trop réactive, mais je ne peux pas faire autrement. Il ne s'agit pas d'un choix, c'est comme ça. Et la vie nous conduit comme ça. Mais pas question de se lamenter. On relève ses manches et on trouve une solution. On cherche, et on débusque cette solution. Aussi petite soit-elle… Bien sûr, sur ce chemin, j'ai fait des erreurs. J'en fais encore aujourd'hui, d'ailleurs ! Mais j'en faisais plus alors, car j'avais du mal à gérer mes émotions. Ce qui est magnifique et qui aujourd'hui m'étonne encore, c'est l'indulgence des personnes à mon égard. Elles m'ont toujours pardonné. Je ne leur ai jamais demandé pourquoi, mais je pense qu'une des raisons est qu'elles percevaient une authenticité, une sincérité. Oui, l'erreur est possible ! D'ailleurs, lorsque l'on veut apprendre, comment y arrive-t-on du premier coup ? Réfléchissons encore une fois, sortons de l'illusion et appuyons-nous sur le réel : c'est tout bonnement impossible ! Pour se dépasser, pour progresser, nous sommes amenés à nous tromper, mais si nous n'acceptons pas de nous tromper, si nous ne voulons pas de défaites, alors nous n'avancerons pas. Ne soyons pas terrorisés par l'erreur, elle est normale.

Elle est la marque de nos efforts, de nos tentatives de grandir, de notre courage à nous aventurer sur des territoires inconnus. Vive l'erreur ! Évidemment, l'idée est de recommencer, de s'entraîner, comme les sportifs, pour qu'un jour tout se mette en place. Et que nous fassions le moins d'erreurs possible.

Quand je travaillais dans ces milieux difficiles, à mes débuts, je m'en voulais de ne pas mettre une distance suffisante avec les personnes que je voyais. L'enseignement de la psychologie nous apprenait à mettre cette distance. Mais j'avais l'impression de tenir ces personnes en souffrance à distance. Et je n'y arrivais pas. Je ne pouvais m'empêcher une certaine proximité. J'étais envahie d'émotions. Et plus je me répétais : « Il ne faut pas aller dans les familles quand tu y es invitée », « Il faut que tu sois une professionnelle ! », plus je culpabilisais parce que je ressentais la nécessité d'y aller, de les accompagner jusque-là. Je rentrais dans les maisons. J'allais même aux mariages ou aux baptêmes où l'on m'invitait. Et je culpabilisais de transgresser les sacro-saintes règles de la psychologie. Je me sentais incompétente, et en même temps je ne pouvais pas faire autrement. C'est mon instinct qui m'a guidée. Je l'ai suivi. On va là où notre tête et notre cœur nous mènent. Je ne l'ai même pas décidé. Je ne pouvais pas suivre un autre chemin. Je le savais au plus profond de moi.

Et puis, à un moment donné, ça a basculé. J'ai accepté ma façon d'être et d'accompagner les personnes avec qui je travaillais. Je ne saurais vous dire pourquoi, ni à quel moment précis c'est arrivé. Mais, un jour, j'ai réussi à faire cette bascule franche. C'est sans doute l'accumulation des retours positifs que me faisaient mes patients. Ce sont toutes ces personnes avec lesquelles j'ai travaillé et qui m'ont donné confiance en moi. C'est pourquoi il me semble important de soutenir que la relation thérapeute-personne fonctionne dans les deux sens. Et d'ailleurs, où est le problème ? Du moment que vous engagez un travail et que ça marche ! Ce sont mes patients qui m'ont permis d'aller plus loin. C'est en les voyant progresser, en les voyant aller mieux, que je me suis laissé embarquer dans cette histoire particulière de psychologue. C'est ça qui me réjouit ! Voir le visage de ces femmes et ces hommes que je suis s'illuminer en de larges sourires. Ça me rend heureuse. J'ai longtemps cherché à le masquer, sans y arriver. Car c'est cette joie retrouvée qui fait que j'adore mon métier. Je pense que l'observation de terrain est notre meilleure source d'inspiration. Entendre ces patients nous dire qu'ils se sentent mieux. Peut-être me trouverez-vous prétentieuse, alors je vais préciser ceci : certains de mes patients n'ont pas continué avec moi ; certains ne s'en sont pas sortis ; certains même sont morts. Je n'ai pas sauvé le monde. Je n'en ai jamais eu l'intention. J'en suis absolument incapable. Et je le sais depuis longtemps. Mais cela ne m'empêche pas de donner, chaque jour, le meilleur de moi-même pour toutes les personnes dont je m'occupe. Je ne saurai jamais faire plus que ça. Mais ça, je sais le faire. Et j'aime le faire. J'aime cette alchimie merveilleuse qui se crée entre nous. J'aime ces retours qu'ils me font sur notre travail. Ils ressentent leur progression. Ils s'en réjouissent. Et moi avec. Je sais aussi – et c'est ma limite – que je ne peux pas travailler lorsque je ne ressens pas cette alchimie. Ça aussi, c'est important de le savoir. L'autre jour, je reçois par mes amis un article de presse portant sur une nageuse que je ne suis que depuis très peu de temps. Et pourtant, elle parle de ce que nous avons accompli ensemble. Le titre de l'article – « Ça m'a changé la vie » – m'a émue. Charlotte Bonnet est une magnifique jeune fille engagée, courageuse, intelligente, mais plutôt timide et réservée en ce qui concerne ses émotions. Voilà un des magnifiques témoignages que m'offrent mes patients. Pour autant, ne nous emballons pas, et revenons à la réalité. Ce témoignage, si touchant soit-il, est en grande partie faux. Car c'est Charlotte qui a changé sa vie. Je l'ai guidée, accompagnée, lui ai appris à développer certaines compétences, mais c'est elle qui a fait le boulot pour gagner ses titres et ses rêves. C'est sa régularité dans le travail, sa curiosité, son acharnement, sa ténacité et avant tout son intelligence. Elle a remporté son premier titre de championne d'Europe en décembre 2016.

J'ai fait, moi aussi, pas mal de bénévolat pour différentes causes humanitaires mais aussi dans le milieu sportif. J'ai été présidente d'un club de basket, trésorière d'un centre de préformation de football. Et j'y trouvais mon compte, certainement !

Mais, aujourd'hui, ce que je fais dans mon métier est rémunéré. Je tiens à le préciser. Pour autant, je trouve ça magnifique de pouvoir se rendre utile, de voir ces visages s'illuminer de sourires. Je me réjouis du bonheur de l'autre. Et je me félicite que mon métier me permette de le donner. On a tous besoin d'être guidés. Nous ne savons pas tout. Nous avons un besoin vital d'apprendre de la même façon que nous avons appris à marcher avec nos parents. À lire et à écrire grâce à nos enseignants. Nous pouvons apprendre à vivre en paix et pourquoi pas heureux. Rappelons-nous qu'il y a toujours une réponse auprès d'un expert, d'un professionnel. On a tous besoin de quelqu'un pour nous conduire, nous tenir la main, en nous disant : « Non, non, viens plutôt par là, tu vas voir, là, il y a un chemin, qui ne va pas être sans encombres ni sans difficultés, mais là, tu vas voir la lumière au bout. »

Travaillons pour que notre histoire ne soit pas un fardeau, ne soit pas la double peine. Travaillons pour effacer ou réduire au mieux qu'on peut les coups de la vie. Soyons apaisés, en paix avec notre héritage en faisant le tri : en l'acceptant, nous pouvons en faire un trésor.

En finir avec « famille, je vous hais ! »

Je souhaitais, sans fausse naïveté, rétablir la place de l'héritage dans ce livre parce que nous sommes tous des enfants de… et que mon vœu le plus cher est que chaque enfant de… se batte pour ses rêves. Qu'il le fasse en transformant chacune de ses failles en une force. Et qu'il se serve des richesses que ses ascendants lui ont transmises. Nous ne sommes bien que parmi les autres, avec les autres. « Aucun de nous, en agissant seul, ne peut atteindre le succès », nous rappelle Nelson Mandela.

Lorsque l'on devient parent, chacun d'entre nous se bat à sa façon – parfois maladroite –, pour que son enfant trouve son chemin… Cessons de culpabiliser les parents. Il n'y a pas si longtemps encore, les mères portaient la responsabilité de l'autisme ou de la schizophrénie de leur enfant. Dans ma pratique, auprès de jeunes toxicomanes, j'ai vu des familles exploser à cause de ce présupposé de la culpabilité des parents. Nous allions, nous, du haut de notre savoir, leur montrer comment faire ! Quelle violence !

Lorsque l'on observe la souffrance de ces parents démunis et en détresse, comment peut-on les rendre en plus responsables ? Je comprends que nous, psys, ayons une mauvaise réputation. Moi non plus je n'aurais pas voulu que l'on me juge si j'avais été en difficulté. J'aurais aimé qu'on m'aide. Je sortais marquée, touchée, et là encore on me disait : « Tu vas te calmer. » J'étais mal de voir ces mères et ces pères en larmes. Je me souviens d'un père, je le garderai toujours gravé en mémoire, il est venu vers moi, et il m'a dit : « Ma fille, ma fille, mais qu'est-ce que j'ai fait ? » On lui a retiré la garde de ses enfants. Et j'ai vu ses filles, que l'on avait placées en foyer, devenir prostituées.

À cette époque encore, l'homosexualité était classée dans les perversions dans mon manuel de psychiatrie ! Insupportable ! Aussi, il y a un certain nombre de manuels que j'ai jetés à la poubelle. J'ai vraiment failli tout arrêter. Je pensais ne pas être à la hauteur. Incompétente. Trop fragile…

Je sais aussi qu'il existe des parents maltraitants et qu'il faut protéger les enfants sans aucune discussion.

Moi aussi, je ne savais pas mieux faire. Je n'avais pas de solutions à toutes ces souffrances. Nous allions les construire ensemble avec nos petits moyens.

Je pense qu'au moins on peut ne pas juger.

Je pense qu'au moins on peut être bienveillant.

Je pense que nous devons être vigilants. À l'écoute. Cherchons les réponses dans l'observation, dans l'analyse. Mais aussi dans nos intuitions. Un peu comme le font les chercheurs. Soyons des scientifiques. Notre champ d'investigation est l'humain. La recherche scientifique se fait, elle aussi, dans l'observation. Perdons cette habitude de dire que cela n'existe pas si on ne peut pas l'expliquer. Ce n'est pas parce qu'on ne comprend pas, ou que l'on ne peut pas expliquer, que cela n'existe pas. Les plus grandes découvertes scientifiques se sont produites parce que l'on cherchait à expliquer quelque chose que l'on ne comprenait pas. Elles se sont faites grâce à des intuitions de génie. Même si nous ne sommes pas des génies, nous avons le droit d'expérimenter. « La connaissance s'acquiert par l'expérience, nous mettait en garde Einstein, tout le reste n'est que de l'information. »

Je fais un métier où nous avons mis longtemps à comprendre cet organe fabuleux qu'est le cerveau. À mes débuts, il n'y avait pas ou très peu de publications scientifiques. Pas ou très peu d'imageries. Bref, nous avons dû exercer notre métier comme des artisans. Nous avons été dans l'obligation d'observer, de tester, d'essayer, pour comprendre et accompagner. Nous savions si peu de choses. Nous étions comme des explorateurs dans des territoires inconnus. Je suis ravie d'être passée par ce chemin. Tout comme je le suis maintenant que des études scientifiques confortent nos intuitions. Ces découvertes vont aider le monde à aller mieux. Mais attention, si cette avancée est au service de nos patients, elle ne doit jamais remplacer le sens de l'observation clinique. Les neurosciences nous ont beaucoup appris et continueront à nous expliquer le fonctionnement de notre cerveau. Mais l'écoute attentive, l'attention portée à nos patients restent cruciale. Longuement, patiemment. Observons leur évolution et la nôtre. Écoutons-nous. Travaillons, ensemble.

À mes débuts dans ce métier, nous ne savions pas tout ce que l'on sait aujourd'hui. Je sais aussi que ce que je dis aujourd'hui paraîtra peut-être idiot et absurde d'ici quelques années. Ce que je tiens à souligner, c'est plutôt l'absurdité de notre acharnement à vouloir que la « faute » incombe forcément à quelqu'un. Quand nous ne savons pas faire, c'est « forcément » de la faute de quelqu'un… Peut-être pourrions-nous arrêter avec ça ?

Je me suis beaucoup battue pour le faire, ce métier… Ce métier tant décrié quand je m'y suis lancée. Je me souviens de ma famille, de mes amis me disant : « Mais tu pourrais faire tellement d'autres choses ! » Je me souviens que mon professeur de statistiques à l'université, au vu de mes bons résultats, est venu me voir et m'a dit : « Mais que faites-vous en psycho ? »

Il m'a fallu du temps pour trouver mon chemin. Et un jour, j'ai compris que je voulais être psy. Et j'ai su aussi combien il était important pour moi d'aimer les gens. J'ai aussi compris qu'il était difficile de ne pas juger. D'appréhender les différences sans jugement. J'ai mis du temps avant de me construire pour y faire face. Au début, j'étais guidée par la passion. Il me fallait défendre tous ceux qui souffraient. Puis j'ai compris que ce n'était pas ça, mon métier. Il fallait d'abord bien se connaître pour apprendre aux autres à bien se connaître. S'accepter soi-même pour accepter les autres. Bref, je suis devenue psychologue psychothérapeute. J'ai, moi aussi, fait ce travail sur moi-même. En premier lieu, une psychanalyse lacanienne avec un psychanalyste merveilleux. Et ensuite d'autres formations comme la systémie, l'addictologie, les TCC, la mindfulness et tant d'autres choses. Quel plaisir d'apprendre encore et encore avec toutes ces personnes extraordinaires qui m'ont tant donné ! Et aujourd'hui, grâce à elles, je peux transmettre ces connaissances aux personnes avec lesquelles je travaille. Grâce à cette analyse, grâce à ces enseignements, j'ai pu cerner pourquoi et comment nous réagissons dans telle ou telle circonstance. Tiens, pourquoi j'ai réagi comme ça ? À ce moment-là ? Pourquoi j'ai conduit ma vie comme ça ? Voilà le fameux « sur-mesure » dont nous avons déjà parlé. Créons notre « sur-mesure » et non du « prêt-à-penser ». Nous y avons droit. Revisitons tout ce que nous sommes. Ayons conscience de ce que nous avons en notre possession. Et créons-nous une vie à nous. Soyons des chercheurs de nos propres trésors. Nous ne trouverons dans aucun manuel ce que nous devons faire. Nous allons le faire sur la base de nos propres observations, de nos propres ressentis. Nous n'allons pas essayer de faire « comme tout le monde » ou de passer en force contre nous-mêmes.

Voilà ce que nous allons faire ensemble.

Nous allons identifier nos émotions et nos réactions. Essayons de comprendre. Que se passe-t-il ? Qu'est-ce que je ressens ? De la joie ? De la colère ? Mais qu'y a-t-il derrière cette colère ? De la tristesse ? Alors pourquoi suis-je joyeux ou triste ? Que s'est-il passé ? Qu'est-ce qui a provoqué ce sentiment ? Pourquoi ai-je réagi de cette façon ? Plutôt que le sempiternel : « J'aurais dû faire ci ou ça. » Ou, pire encore : « Je suis un imbécile. »

En fait, il s'agit de sortir du jugement de valeur et de comprendre. Il existe toujours une réponse. Effectivement, elle n'est pas toujours simple. Quand un sportif me dit en sortant d'une compétition : « J'aurais dû faire ça à ce moment-là, je suis bête ! » je lui rappelle qu'en disant ça nous ne travaillons pas. Nous sommes sur le territoire du jugement. Nous n'allons rien apprendre. Nous ne sommes pas là pour perdre notre temps. Nous avons autre chose à faire : travailler ! Et puis, c'est trop facile de se taper dessus ! Alors on reprend le travail, c'est tout de même plus intéressant et plus constructif ! Nous, nous allons nous concentrer sur ce qui s'est passé. Je lui demande de se remettre en situation, comme s'il la revivait à nouveau. Je lui demande de reprendre le déroulé de l'action et, là, il va me répondre. Et me dire ce qui s'est réellement passé plutôt que de s'attaquer. Au début de l'apprentissage, nous sommes souvent obligés de repartir loin avant l'événement.

Comment tu t'es préparé à l'entraînement ? Pas de soucis particuliers avec ton entraîneur ? Tes partenaires d'entraînement ? Pas de soucis particuliers dans ton couple ? Ta famille ? Et ta formation ? Tu avais des examens ? Nous passons en revue l'ensemble des éléments qui constituent sa vie : l'environnement familial, le couple, l'environnement sportif, l'environnement social et amical, l'environnement professionnel et sa santé physique et psychologique. Il s'agit d'une approche systémique, nous ne faisons pas focus sur un seul élément de sa vie, les solutions doivent être adaptées, elles doivent être, une fois encore, « sur mesure ».

Nous allons identifier nos particularités psychiques.

Nous allons observer, réfléchir, analyser et mettre en place des stratégies adaptées.

Nous nous appuierons sur nos ressources, habiletés et compétences psychologiques pour construire des réponses adaptées et « sur mesure ».

Nous allons comprendre et donner du sens (événement de vie, contre-performance liée à une blessure...).

Nous allons évaluer systématiquement et repérer, à partir d'indicateurs concrets, l'évolution : progression, stabilisation, blocage...

Nous allons repérer les défaillances pour les améliorer.

Nous allons bien identifier les processus d'apprentissage pour savoir les reproduire.

Nous allons devenir autonomes et construire nos propres outils et réponses.

Nous allons développer nos capacités d'adaptation à notre environnement.

Nous allons devenir encore plus intelligents.

Nous allons passer de l'aliénation à la liberté.

Tout cela s'applique aussi bien aux sportifs qu'aux danseurs, chanteurs, ouvriers, politiques, paysans, journalistes, artisans, assistants ! Bref, à tout le monde.

Lorsque l'on sait toutes ces choses. Lorsque l'on a identifié qui on est. Lorsque l'on sait se servir de tout ce que l'on a appris. Lorsque l'on se comprend. Alors on devient bienveillant et l'on ne se juge plus. Nous devenons objectifs. Nous nous attachons aux faits et non aux clichés ou aux a priori et tout ce cortège malveillant. On me dit souvent que je suis positive. C'est faux. J'analyse les faits. Je suis inscrite dans le réel et je suis convaincue qu'on y est bien. Nous sommes « à l'endroit ». Nous ne nous imposons pas de savoir avant d'avoir appris. Nous ne nous demandons pas de comprendre avant qu'on ne nous ait expliqué. En ce qui me concerne, je me dis souvent : « Arrête d'être prétentieuse : si tu n'y arrives pas, c'est que tu n'es pas capable de le faire. Au lieu de t'énerver, essaie de repérer ce qui te manque, ce que tu dois apprendre pour savoir le faire. » Prenons la résolution suivante quand nous n'arrivons pas à faire quelque chose, prenons le temps de comprendre, de nous comprendre. C'est beaucoup plus intéressant que de nous acharner à répéter mille et une fois la même erreur sans jamais y arriver. Dépasser ses limites, c'est en premier lieu savoir que nous en avons.

Ce sont toutes ces personnes que j'ai accompagnées avec toute leurs différences (de métiers, de cultures, d'univers, de visions du monde, d'objectifs), avec toutes leurs limites et leurs forces, avec leurs singularités, leurs parcours, leurs milieux, qui m'ont appris tout ça. À force de les observer, de les voir évoluer, réagir, témoigner de leur mieux-être, puis de leur bien-être. Bien sûr, j'ai aussi avec moi un bagage théorique qui s'est épaissi au fil des ans. Heureusement ! Mais j'ai aussi tout ce que j'ai appris sur un autre terrain que l'école. Nous aussi sommes obligés en permanence de nous adapter. Nous sommes donc « obligés » de veiller à être intelligents et ce n'est pas toujours facile ! Nous sommes dans l'échange, dans le partage. Je m'investis du mieux que je peux. Mes patients le font en retour. Je donne de moi, et ils me donnent d'eux. C'est un échange. Plein de pudeur. Et d'affection. Avec certains, il s'installe un degré d'intimité à notre insu. C'est comme ça. Là encore, je ne le décide pas. Eux non plus. Ça se passe comme ça.

Je pense à Mathieu Bastareaud, je pense aussi à Pascal Papé, qui, dans leurs livres, parlent de ces moments de notre travail. Ces témoignages m'ont profondément touchée. Nous avons parcouru un bout de chemin ensemble, affronté des moments de détresse ensemble. Et aujourd'hui, la lumière est revenue. Au-delà de notre travail, leurs témoignages sont un enrichissement et une avancée considérable dans le monde sportif. Ils sont si courageux dans ce monde de colosses, de puissances, d'avoir osé écrire et décrire avec autant d'intelligence leurs zones de fragilité, leur humanité. Jusqu'à la rupture et l'envie de disparaître. Je leur en suis infiniment reconnaissante.

Je repense à un jeune rugbyman dont Pascal ne s'occupait pas personnellement. Il l'a juste croisé dans le couloir, un échange de regards, sans un mot. Pascal m'a littéralement harcelée pendant mes vacances jusqu'à ce que je le reçoive. Je pense pouvoir m'autoriser à dire que, s'il n'avait pas repéré la détresse dans les yeux de ce jeune, ce jour-là, je ne sais pas si ce jeune joueur serait encore là. Merci Pascal.

Je repense à Renaud Longuèvre aux prises avec la détresse profonde d'une sportive de tout niveau. Elle ne voulait pas venir me voir, elle ne voulait pas voir de psy. Nous avons construit ensemble un chemin pour l'emmener. Il l'a convaincue. C'est ainsi qu'elle a repris le chemin de l'entraînement et de la compétition. Aujourd'hui elle est heureuse.

Travailler sur soi, être aidé, c'est finalement recréer des liens. Pas familiaux, certes. Mais d'une affinité élective qui nous permettra de nous rapprocher pour avancer, pour poursuivre ce chemin que l'on fait ensemble.

La famille est un groupe qui a aussi vocation à soulager l'angoisse. Chacun y a sa place et contribue à l'équilibre et au bien-être de tous. Il en est de même dans certains mondes que nous avons décidé de construire comme notre seconde famille. On peut trouver auprès de chacun le soutien. Un lieu, un groupe, où l'on est porté. Dans lequel on se sent en sécurité. Ce cercle de bienveillance que l'on reconstruit autour de soi, avec tous les fils de notre héritage, doit avoir la même fonction qu'une famille. Sauf que, celle-là, on l'a choisie.

N'ayons pas peur de notre angoisse

Nous avons acté que, lorsque nous sommes confinés dans l'insupportable, il faut en sortir. Nous sommes donc dans l'obligation de prendre le risque d'avancer, de quitter sa zone de confort, pour… l'inconnu. Nous pouvons aussi nous dire que c'est une chance de ressentir l'insupportable. C'est aussi pour cela qu'il est important de considérer que ressentir nos émotions est vital. Certains d'entre nous sont parfois dans l'obligation de prendre des anti-inflammatoires pour masquer la douleur et c'est parfois bien utile. Cependant nous savons que la douleur est toujours là, même si nous avons été obligés de l'anesthésier pour le moment. Si nous ne nous soignons pas sérieusement, si nous n'allons pas voir un professionnel, il y a de fortes probabilités que cela se réinstalle progressivement. Donc la douleur est intéressante, car elle nous oblige à nous prendre en main. Eh bien, pour l'angoisse, c'est pareil. Elle nous donne des indications sur « où on en est ». Ne fuyons pas, n'évitons pas, ne cherchons pas à anesthésier, n'ayons pas peur, prenons en compte ces manifestations de notre esprit. Et interrogeons-nous : « Tiens, je suis angoissé, pourquoi ? » L'angoisse peut être notre moteur, celui qui nous poussera à quitter l'insupportable pour chercher, puis trouver une solution. Sinon, aucune raison de bouger. Cela dit, n'attendons pas, sinon l'angoisse nous emportera dans son monde lugubre et douloureux. Dès que l'on ressent cette angoisse, à nous de résister au chant de certaines sirènes qui nous poussent à rester sur place, à ne surtout pas bouger. Combien de fois a-t-on entendu, alors que nous évoquions une situation intenable : « Ce n'est pas grave », « Ça va passer », « Tu as tout pour être heureux », « Force-toi un peu » ? Parfois même, c'est nous qui tentons de nous autopersuader que ça va. Il est évident que notre entourage et nous-mêmes sommes alors animés par les meilleures intentions du monde. Nous pensons qu'il ne faut pas nous attarder sur ces pensées. Nous pensons nous préserver du risque. Mais ces petits bobos de la tête, si l'on ne s'en occupe pas, vont s'infecter et se chroniciser. Cette négligence peut s'avérer à terme extrêmement violente. En gros : « N'écoute rien de ce que tu es. » C'est très ennuyeux d'être dans cette posture de déni de son propre être, de sa propre existence. Ne pas prendre soin de soi en s'imposant un modèle qui semble correspondre à tout le monde mais pas à nous. Quel paradoxe, quelle incohérence ! Déni, négligence, illusion, autant de caractéristiques qui peuvent nous réduire à néant. Souvent l'argument est de l'ordre du cartésianisme ou du raisonnable. Parfait. Reprenons donc. Le raisonnable, c'est d'être incohérent avec ce que l'on ressent ? Souvent j'entends que le travail psy que nous faisons est abstrait ! Donc, si je comprends bien, être cartésien et être concret, c'est refuser ce que l'on ressent ? Donc, lorsque je ressens une boule dans la gorge, c'est abstrait ? Dans le ventre aussi ? Et les nœuds dans la tête, c'est virtuel ? Lorsque je commence à tomber malade, c'est aussi abstrait ? Nous devons nous raisonner, laisser faire et continuer. En ce qui me concerne, c'est ce comportement qui m'apparaît abstrait, incohérent, illogique. Car où est la logique ? Disons que j'ai une autre logique à vous proposer. Lorsque nous ressentons un mal-être, c'est que quelque chose ne va pas. Nous allons donc accepter qu'il en est ainsi et que c'est tout à fait concret. Nous allons ensuite essayer de comprendre. Puis nous allons mettre en place ce qui va nous permettre d'aller mieux. Qu'en pensez-vous ? C'est une logique mathématique : « À tout problème, il y a une solution. » Acceptons ce que nous sommes et nous serons déjà sur le bon chemin. Apprenons cette langue de l'émotion et nous pourrons ainsi interpréter notre fonctionnement et notre comportement.

Il est vrai que ce chemin peut faire peur. C'est celui des mondes inconnus, celui des chercheurs de trésors. Celui où nous avons l'impression parfois qu'on ne sait plus rien, qu'on a régressé, que l'on est redevenu un bébé qui ne sait ni marcher ni parler. Celui où nous allons apprendre des choses que nous ne connaissons pas, celui où nous allons devoir réfléchir. Celui encore où il n'y a ni méthode ni modèle tout faits. Nous allons créer tout ça. D'une certaine façon, nous allons être des artistes et créer notre propre œuvre : notre vie ! Certains nous diront : « Ne fais pas ça, on sait ce qu'on perd, mais on ne sait pas ce qu'on gagne. » Ces phrases qui, même si elles sont dites par des gens qui nous aiment et ne nous veulent que du bien, nous mettront le doute, nous feront peur, nous feront reculer, hésiter, nous empêcheront de prendre nos décisions. Car nous-mêmes sommes déjà remplis de peurs et de doutes. Il est normal d'avoir des doutes quand on prend une décision. Quand on fait un choix. On ne sait jamais si ça va marcher, puisque, par essence, pour le savoir, il faut le faire. On voudrait même savoir avant de commencer pour ne pas « risquer » l'erreur. Beaucoup me disent : « Et si ça ne marche pas ? Et si ce chemin me mène au chaos ? Et si je suis toujours mal ? » Sauf qu'on ne peut pas savoir s'il s'agit ou non d'une fausse route… si on n'a pas même tenté de l'emprunter, cette route. Et puis, laissons-nous guider par notre instinct. Si on ressent qu'il est nécessaire de prendre une décision, faisons-le. Puis construisons les conditions de sa réussite.

J'aime beaucoup la science-fiction. Il y a toujours des héros qui défont tout ce que les « méchants » ont construit. Ces héros sont des résistants et ils gagnent toujours. Ces histoires traduisent ce que nous voulons tous au fond de nous. Ce dont nous avons besoin.

Ce sont des contes de fées modernes. J'adore aussi les contes, cela finit toujours bien !

Nos fragilités font notre humanité. Nos émotions sont aussi une force. Il est vital de ne pas anesthésier ses émotions, mais de les apprivoiser pour en faire nos alliés et non nos ennemis. Croire à l'idée que nous devons être toujours heureux ? Balivernes destructrices ! Autrement dit, si nous ne sommes pas toujours heureux, c'est que nous avons raté notre vie ? Faux ! La vie est faite ainsi, nous aurons tous des moments de désespoir, de peine. Certains plus que d'autres, c'est vrai aussi. Oui, aujourd'hui, nous pouvons être malheureux. Nous avons aussi le droit de l'être. L'idée n'est évidemment pas de rester dans le malheur. Mais d'accepter que cela fait partie de la vie. Pardonnez-moi cette assertion qui peut paraître simpliste, mais la vie, ce sont des moments de bonheur et ce sont aussi parfois des moments de malheur. Et on voudrait nous faire croire que ces moments de douleur ne devraient pas exister ? Donc à chaque deuil, à chaque séparation, à chaque coup dur de la vie, l'alternative serait le traitement médicamenteux – qui peut être nécessaire parfois, soit, mais pas systématiquement ? En gros, vous n'êtes pas à la hauteur, c'est pour cela que vous n'êtes pas capable d'être heureux ! Ces moments que nous allons traverser nous feront aussi grandir. Nous avons besoin de toutes ces étapes de la vie pour parvenir à la connaissance de soi. Pourquoi devrions-nous être inquiets de ces passages obligés ? Nous nous comportons comme si nous n'étions pas capables de traverser ces moments. Mais observons-nous bien. Pourquoi ne le serions-nous pas ? Quand bien même nous n'y arriverions pas seul, eh bien nous irions demander de l'aide aux professionnels ! Ces situations sont le propre de l'homme. Il m'arrive, comme tout le monde – c'est plutôt rare aujourd'hui, mais ça m'arrive encore –, de faire mon « Caliméro », ma victime, de me cacher derrière ma coquille en criant contre un monde injuste. Et puis, à un moment donné, je me dis : « Arrête de faire ton Caliméro. Et regarde autour de toi. Il y a tellement de belles choses. Tu es tellement gâtée par la vie. Tu as trois enfants merveilleux, un métier que tu adores, tu fais ce que tu veux… » On me dit souvent que je suis positive, c'est faux. Je suis bien ancrée sur terre. Je regarde autour de moi et je fais le constat suivant : « Quelle chance tu as. » Je sais bien que certains d'entre nous, sur cette planète, vivent des situations épouvantables. Et je ne parle en aucun cas de ces personnes en très grande souffrance. Mais, pour la majorité d'entre nous, ce n'est heureusement pas le cas. Alors, si vous êtes dans mon cas, nous avons le droit parfois de faire notre Caliméro mais n'oublions pas de regarder autour de nous. Et je suis sûre que beaucoup verront qu'ils ont beaucoup de chance. Ce n'est pas de l'angélisme. Je sais la souffrance humaine pour avoir travaillé plus de vingt ans avec des personnes en très grande difficulté. Et justement, c'est peut-être ça qui a forgé ma conviction. Qui m'a structurée. Ne pas regarder ce qu'on n'a pas. Mais se réjouir de tout ce qu'on a. Voilà qui permet de relativiser beaucoup de choses.

Un jour, j'étais sur le quai du métro et il y avait un clochard avec sa bière. Il criait. Je reconnais que j'ai essayé de l'éviter ce jour-là. J'étais épuisée… mais cela n'a pas été possible. Il m'a demandé de l'argent, je lui ai répondu que j'étais désolée, mais que je n'en avais pas. C'était vrai, je n'avais pas de monnaie, uniquement un « gros » billet. Il m'a ensuite demandé une cigarette, que je n'avais pas non plus. Donc je me suis fait disputer. Bref, nous entrons dans le train et il s'assied et me redemande les mêmes choses. Je lui réponds : « OK, vous pouvez de nouveau me disputer. Mais je n'ai rien. Ni argent ni cigarette, j'ai arrêté de fumer il y a plus de vingt ans maintenant. » La conversation s'engage sans que je m'en rende compte, à propos du tabac dans un premier temps. Je lui ai raconté à quel point cela avait été difficile pour moi d'arrêter. Nous avons ri ensemble quand il m'a raconté qu'il avait failli devenir fou en voulant arrêter et que, ce jour-là, il avait appelé sa copine pour lui dire d'aller immédiatement lui acheter des cigarettes. Il a fini par me dire à quel point j'avais été formidable d'avoir réussi à arrêter de fumer. Je l'écoute me faire des compliments et je regarde les personnes dans le wagon. La morosité, la tristesse, le stress qui se lisent sur ces visages. Et je le regarde, lui, cet homme dont je ne connais rien et qui n'a rien, qui me fait rire, me complimente. Je suis envahie d'émotion, mes yeux commencent à s'embuer. Je ne pleure pratiquement jamais. Ça aussi, cela tient à mon éducation. Je me dis : quelle leçon de vie ! Tout à l'heure, je n'avais pas envie de lui parler parce que j'étais épuisée. Mais lui ? Que devrait-il dire ! Il vit dans la rue. Et c'est pourtant lui qui me fait rire. Quelle force ! Belle leçon d'humanité. Nous sommes sortis du métro, je voulais lui rendre quelque chose de ce moment. Cela n'a pas été difficile pour moi, je l'ai suivi et lui ai donné le billet que j'avais. Il m'a regardée et m'a dit : « Non, madame, c'est trop. » Et encore là, j'ai senti cette boule dans ma gorge. Je lui ai répondu : « Vous méritez tellement mieux que de l'argent. » La conversation s'est arrêtée là. Je suis partie rapidement.

Interrogeons-nous sur ce que nous sommes et non sur ce que nous avons. Certains diront que la souffrance du monde ne va en aucun cas amoindrir la leur. Certes. Mais elle nous permet de nous situer dans le monde. Et de ne pas perdre de vue que nous avons de la chance de vivre en France et que nous sommes des privilégiés. Nous sommes souvent conduits vers ce que nous avons plutôt que vers ce que nous sommes. Je ne prétends pas que l'on puisse vivre de l'air du temps. Je n'ai rien contre l'argent. Il nous permet des choses. Je n'ai pas de problème avec cette question. Nous sommes dans l'obligation de gagner de l'argent pour pouvoir répondre à nos engagements matériels. On ne peut pas rester que dans l'être. Mais il nous faut trouver un équilibre. L'argent est une donnée essentielle : en dehors des obligations matérielles, il nous permet aussi de nous faire plaisir. Nous ne souhaiterions pas vivre autrement que dans notre siècle. Mais l'argent reste avant tout un moyen.

Nous devons demeurer vigilants pour ne pas nous laisser emporter par ces injonctions qui peuvent nous rendre malades. De la même façon que le poids qui n'engendre pas de souci de santé n'est pas un problème. On peut aussi se dire que ne pas posséder telle ou telle chose ne nous met pas en danger. Les frustrations chroniques engendrées par les injonctions à consommer ne sont pas à négliger. Là aussi, on peut retrouver ces fameux : « Je ne suis pas à la hauteur si je ne possède pas ci ou ça… » Toutes ces petites affirmations insidieuses qui voudraient que l'on soit heureux uniquement en possédant ces choses, en mesurant telle taille, en pesant tel poids, s'insinuent dans notre esprit comme des évidences. Prenons le temps et la liberté de nous poser les bonnes questions plutôt que de générer cette insatisfaction permanente. Prenons le temps de regarder tout ce que nous avons. Peut-être que le vrai luxe, c'est ça ! C'est plus riche que l'argent. Nous ne sommes peut-être pas obligés de tout miser sur « l'avoir », misons aussi sur l'être que nous sommes. Ne créons pas de déséquilibre en mettant « l'avoir » comme unique centre d'intérêt. Faisons-nous confiance pour récupérer l'estime de nous-mêmes.

Mais, avant d'identifier ce qui nous rend vraiment heureux, on a le droit d'être angoissé, en colère, énervé. Ces émotions font partie du chemin.

Pour suivre de très grands athlètes, je peux vous dire que leurs colères sont souvent à la hauteur de leur puissance : autant dire qu'elles sont homériques ! Mais ces tensions leur sont nécessaires pour avancer. Parfois, il ne sert à rien de tenter de les canaliser dans un premier temps. Il ne sert à rien de vouloir les étouffer. Parce qu'alors nous nous priverions d'éléments essentiels qui vont nous permettre d'analyser. Pour savoir comment construire et donc évacuer toutes ces tensions et s'en débarrasser. Quand ces champions sont insatisfaits, ils s'énervent, comme tout le monde ! Nous allons y arriver, nous allons parler de tout ça, calmement. Parfois moins. Nous allons ensemble essayer de comprendre. Nous allons, ensemble, identifier le problème. Parfois sans ménagement, parce qu'il faut que ça aille vite et fort pour eux. Nous nous faisons face. Je sais leur souffrance à ce moment précis. Je sais aussi combien, comme tous les plus grands champions, ils sont souvent isolés. Parce que, quand vous êtes au sommet, vous êtes souvent seul. Peu de gens peuvent comprendre l'engagement qu'implique d'atteindre ces sommets. Et l'isolement que cela engendre. Peu de monde ose parler franchement à ceux qui sont au sommet. Et pour autant c'est ce qu'ils attendent. Nous allons donc le faire. Car ils le méritent. Ce sont des êtres d'exception incroyablement brillants. Nous allons le faire parce que nous devons le faire. Parfois, je dois hausser le ton. Pas par plaisir. Mais parce que je n'ai pas le choix. Je sais que parfois, il faut que j'aille au combat pour vaincre leurs angoisses. Je n'en ai jamais envie. J'aimerais plus de douceur. Mais il n'y en a pas dans ces moments-là. Ce sont des moments rugueux qui font mal au ventre. Mais nous devons en passer par là. Nous n'avons pas le choix. Ni eux ni moi. On échange. Parfois de manière rude. Nous nous apaisons enfin. Et nous progressons ensemble.

Ci-dessous un extrait d'un article du *Journal du golf* :

« Question : Michael, dans une des premières séances, Meriem vous est un peu rentrée dedans. Malgré votre tempérament sanguin vous n'avez pas bougé.

« Mike Lorenzo Vera : Non, je crois même lui avoir dit : normalement, quelqu'un qui me parle comme ça, je me casse. C'était ma réaction habituelle depuis que je suis gamin. On ne me parle pas comme ça. Mais si elle me crie dessus, c'est qu'il fallait que j'entende. Elle a fait ses preuves avec les meilleurs sportifs français. Tout ne peut pas se passer avec un dialogue bien lisse. Ça m'a fait bizarre, mais je crois qu'aussi au British Master elle avait un peu élevé le ton en bas de l'hôtel. J'ai ramassé, mais c'est normal, il y a des moments aussi où j'essaye de lui apprendre son métier (rires). C'est aussi pour ça que je prends un retour de bâton. J'ai la tête un peu dure. À des moments, il faut passer à travers. Comme Meriem dit, je parle souvent de moi en négatif, je me tire vers le bas en disant que je ne suis pas assez bon. Ce n'est pas normal, alors que d'autres golfeurs, même les meilleurs, font les mêmes bêtises. Pendant longtemps, j'ai toujours maîtrisé un petit peu mon équipe pour que l'on me parle bien. Le premier disant un mot de travers, il partait. Sur dix ans de carrière, je n'ai toujours pas gagné un tournoi, il faut peut-être que je me fasse bouger un peu. Meriem a fait ses preuves, si elle estime qu'il faut me crier dessus, ou plutôt élever le ton, elle a raison. Comme ça au moins, maintenant, c'est bien ancré[1]. »

En fait, je n'accepte pas qu'il se manque de respect, je ne le supporte pas. Ça me touche, je suis aussi faite d'émotions. Pour moi, Mike est brillant, loyal, engagé, tenace, déterminé. Il ne lâche rien. C'est une si belle personne. Alors non, je n'accepte pas qu'il se traite de nul. C'est souvent pour ça que je hausse le ton. Je suis un peu connu pour ça. Ce n'est pas acceptable de se traiter de cette façon, de se mépriser ainsi.

Et puis, d'ailleurs, personne n'est nul, sauf peut-être ceux qui ne font rien et passent leur temps à se moquer et à critiquer les autres. Tous les gens qui se mobilisent et frappent à ma porte sont courageux et engagés. Ils ont le courage de se dire : « Je sais que j'ai atteint mes limites et je veux trouver une solution à mes problèmes. » Quelle intelligence ! Nous ne serons jamais nuls !

Plus on veut faire de choses compliquées, plus il faut être bienveillant envers soi-même. Bienveillance ne veut pas dire laisser-aller. Ni laisser tomber ses

1. *Journal du Golf*, n°124, mars 2017, p. 38.

objectifs. C'est se dire : « C'est dur, accroche-toi, ne lâche pas. » Être médisant vis-à-vis de soi-même, voire s'insulter, c'est être pour soi-même « une arme de destruction massive ». Plus on veut aller loin, plus on est dans l'obligation de se motiver, de se mobiliser, de prendre soin de soi, d'accepter ses erreurs, de faire preuve d'indulgence à son égard. Se manquer de respect, ce n'est pas possible. C'est même inacceptable ! Encore une fois, ne négligeons pas tous ces mots, toutes ces pensées. Elles ont un impact considérable.

Revenons à nos champions, mais n'oublions pas que c'est aussi de nous que nous parlons. Ce sont des êtres humains. Pourquoi ne devraient-ils pas être en colère à certains moments ? Il n'y a rien de plus agaçant, lorsque l'on est en colère et que l'on a besoin de l'exprimer, que quelqu'un nous dise de nous calmer. Comme si nous faisions quelque chose de mal. Nous ne faisons rien de mal. Peut-être que ces personnes qui nous disent de nous calmer nous veulent du bien, mais elles ne nous font pas du bien. Nous avons besoin d'évacuer cette colère. Si ces personnes ne peuvent pas supporter notre colère, elles en ont le droit. Elles peuvent ne pas l'accepter et s'en aller. Certains ont peur de la colère. Je le comprends. Pourtant, dans ces moments-là, quand un athlète, un ami, une personne exprime sa colère, il ne la tourne pas contre nous. Mais contre lui-même. Elle peut d'ailleurs être dévastatrice pour lui. C'est pourquoi il ne faut pas l'empêcher de sortir, cette colère, il faut au contraire s'empêcher de rester bloqué à cet endroit de notre colère. Nous allons comprendre encore une fois. Il ne faut pas être effrayé. Simplement comprendre son origine. La cerner, puis la dépasser. N'oublions pas que le sport de haut niveau est un lieu d'émotions. Comme la vie, d'ailleurs.

Je me souviens d'un jeune champion. Nous avons passé des mois à travailler ensemble sans que rien ne sorte. Il restait cadenassé. Il a fallu plusieurs mois de travail à ses côtés, presque de corps à corps, pour qu'enfin il se laisse aller à ses émotions. Pour qu'il lâche prise. Le blindage s'est fissuré et il a pu déposer son armure. Et ses émotions l'ont submergé. Il en avait besoin. Il avait besoin de ses larmes. Il avait besoin que cela sorte pour avancer. Pour se réconcilier avec sa part humaine. Ce monde de l'excellence engage les sportifs à devenir des êtres extraordinaires. Du coup, ils ne s'autorisent plus à être humains. Il pensait que pour, devenir un champion, il ne fallait jamais se laisser aller à ressentir, à s'écouter. Il craignait de devenir faible. Alors il a tout fermé. Il pensait que c'était comme ça qu'il deviendrait plus fort. Mais, au fond de lui, cette tristesse le dévorait. Cette tristesse se traduisait inéluctablement dans son sport, dans sa vie. Pour être sportif de très haut niveau, il faut être capable d'encaisser des choses que peu de gens sont capables d'encaisser. Admettre qu'on souffre d'un trouble psychologique, ce serait quelque part admettre qu'on n'est pas un combattant. Dans l'imaginaire que l'on peut avoir d'un champion, il ne devrait jamais y avoir de difficulté psychologique, de défaillance. Mais les surhommes n'existent pas ! C'est une illusion. Ces sportifs sont avant tout des êtres humains. Mais c'est quelque chose qu'on a parfois du mal à entendre dans le monde sportif, qui n'autorise pas – ou que peu – la fragilité. Ce jeune champion s'est rendu compte qu'enfin il pouvait parler à son amoureuse, à ses amis, à sa famille. Qu'enfin il pouvait vivre.

J'ai accompagné tant de sportifs pris dans cette logique du « surhomme ». Or, ce n'est pas en s'anesthésiant, en devenant lisse, qu'on résout ses problèmes. Mais c'est en acceptant de faire face à ses émotions. Et en prenant le risque… de vivre sa vie et d'atteindre ses rêves. Comme nous, les grands champions peuvent s'engouffrer dans des impasses, et ne pas prendre le bon chemin. Eux aussi vont travailler pour être en harmonie et en cohérence.

Alors pourquoi pas nous ?

Écoutons notre corps… pour libérer notre esprit

Combien de sportifs, d'êtres humains de manière générale, me parlent de leur corps qui souffre. Il suffit parfois de quelques séances pour que nous puissions identifier les blocages, et souvent les angoisses dissimulées. On retrouve enfin le sommeil, les douleurs ont disparu… Et certains ont même décroché des titres de champion du monde et d'autres trouvé l'amour de leur vie. Évidemment, le travail psy n'est pas suffisant, il faut consulter d'autres professionnels : radiologues, dentistes, ostéopathes, kinésithérapeutes, médecins, naturopathes… Nous avons la chance d'avoir tellement de monde autour de nous pour nous aider. Mais une démarche ne va pas sans l'autre. Notre souci reste le découpage systématique de nos différents maux. Ce n'est pas une addition de compétences qui réglera une situation, mais une complémentarité intelligente.

On n'imagine pas la pression qui pèse sur les épaules des champions. Les entraînements, les sacrifices, le travail. C'est un sacerdoce. Ils sont nombreux, ceux qui me disent qu'il y a une partie de leur vie qu'ils n'ont pas connue. En France, on se comporte avec une certaine forme de déni, certains même prétendent que les grands champions n'ont pas besoin d'accompagnement psychologique. Pire, certains m'ont même dit que, s'ils avaient besoin d'un accompagnement psychologique, c'est que ce n'étaient pas des champions. Que, s'ils avaient besoin d'être accompagnés aux JO par un psy, c'est qu'ils n'avaient rien à y faire. Ce type de discours nous a fait prendre infiniment de retard. Certes, nous avons progressé – pas suffisamment de mon point de vue, mais les mentalités bougent. Je sais que nous, Français, pouvons être meilleurs. Nous avons tellement de compétences à notre service. Nous avons d'excellents techniciens, entraîneurs, encadreurs sportifs au sens large. Nous avons des sportifs de très grande qualité. Des staffs médicaux remarquables.

Feu Henri Sérandour, président du Comité olympique de 1993 à 2009, a décidé d'écouter les sportifs et les directeurs techniques nationaux et entraîneurs qui réclamaient cet accompagnement psychologique. Je suis donc partie comme psychologue dans la délégation française des Jeux olympiques de Pékin. C'était la première fois qu'une psy accompagnait les sportifs français. Et depuis ? Nous n'avons plus eu de psychologue dans la délégation olympique ! En ce qui me concerne, je suis allée aux JO de Londres et de Rio à la demande de Teddy Riner. C'est donc lui qui, à titre privé, a financé cet accompagnement. À ma connaissance, c'est le seul athlète français à l'avoir fait.

J'ai accompagné pour ces JO d'autres sportifs, entraîneurs… par FaceTime ou Skype, WhatsApp. Nous sommes aujourd'hui bien équipés. Je suis toujours à leurs côtés dans ces moments de hautes turbulences émotionnelles.

Défendre cette question de l'accompagnement psychologique dépasse la question du monde sportif. C'est une vision de l'humain. C'est une vision politique. C'est une vision du monde. Notre élite sportive mérite que l'on s'occupe de sa santé. Et pas seulement de sa santé physique. Il en est de même pour l'humanité tout entière. De la même façon, il m'a semblé fondamental de prendre soin des jeunes en difficultés, des toxicomanes, des SDF. Il est pour moi fondamental de maintenir cet engagement professionnel qui n'a pas toujours été simple et m'a parfois coûté quelques nuits blanches et autres réjouissances suscitées par l'anxiété. La volonté de changement déclenche parfois des résistances violentes. Nous avons avancé, nous avons progressé, mais nous pouvons faire beaucoup mieux.

La dimension psychologique a été longtemps sous-estimée. L'axe fondamental de la démonstration consistait à dire que, si l'on ne voit rien, cela n'existe pas Si on ne peut pas l'expliquer, cela n'existe pas. Autre argument largement utilisé : la psychologie n'est pas une science. Donc aucun intérêt. Dans notre monde sportif, on y a ajouté une composante, et non des moindres. Fragilité, failles antinomiques, impossible à concevoir. Sous prétexte que nous avions affaire à des colosses, à des gens puissants. Admettre qu'on souffre d'un trouble psychologique, c'est pour une partie du monde sportif admettre qu'ils pourraient ne pas être des « combattants ». Envisager qu'ils puissent être en difficulté menacerait l'équilibre de notre système sportif. Le paradoxe, c'est qu'on est prêt à admettre qu'il est très important de prendre soin de leur corps. Effectivement, c'est très important, mais ils ne sont pas que des montagnes de muscles. Ce qui les rend performant, c'est aussi leur tête ! De la même façon que l'on doit prendre soin de leur corps, prenons soin de leur tête. Cela me semble logique. Ce sont avant tout des êtres humains qu'il faut respecter dans leur intégralité, dans leur complexité. Rappelons-nous que l'un des paradoxes, c'est qu'ils vont devenir à la fois plus fort et plus fragiles. Et cela parce que leur positionnement est toujours à la limite de la rupture d'équilibre, l'objectif étant le dépassement des limites pour aller chercher l'inaccessible. La performance se construit dans cet inconfort. Notre défi est de maintenir un équilibre dans ce déséquilibre.

Quoi qu'il arrive, qu'ils perdent, qu'ils gagnent, ils feront un parcours extraordinaire. C'est ce que l'on doit retenir. Ce fameux chemin, à la fois merveilleux et difficile, ils vont devoir le parcourir. Ils vont tellement progresser qu'ils auront déjà gagné. Peut-être pas une médaille, mais tellement de choses aussi importantes. J'ai même envie de dire parfois plus importantes. « Je ne perds jamais : soit j'apprends, soit je gagne », disait Nelson Mandela.

Combien de sportifs se sont résignés ? Combien de sportifs se sont blessés ? Combien de sportifs avons-nous perdus en négligeant ce qui se passait dans leur tête ? Personne ne pourra répondre à cette question de manière chiffrée d'ailleurs. Certains sportifs ont gagné sans accompagnement psy. Il ne s'agit pas de défendre l'idée que l'accompagnement psychologique assure une médaille mondiale ou olympique, mais plutôt de dire qu'il est une donnée essentielle dans la quête de l'excellence. Je pense, après avoir accompagné tant de sportifs, que cette accompagnement est incontournable. C'est vrai, le travail psy ne fait pas de miracles, et je suis bien placée pour le savoir ! Mais je pense que l'on doit se donner tous les moyens de réaliser ses rêves. Et cela en fait partie. Triple champion olympique en 1996 et 2000 sur piste, dix médailles d'or mondiales à son palmarès, Florian Rousseau, l'un de nos plus grands cyclistes français, m'a confié des choses très troublantes. Et m'a permis, avec la générosité qui le caractérise, d'en faire état dans ce livre. Je l'ai rencontré alors qu'il venait de finir sa carrière de champion. Et il m'a dit cette phrase : « Si je t'avais connue plus tôt... Je pense que j'aurais géré différemment ma fin de carrière. » Ensemble, nous avons décrypté les émotions qu'il avait ressenties : bonnes ou mauvaises. Nous avons beaucoup travaillé pour comprendre comment il fonctionnait émotionnellement. Pourquoi il était meilleur dans des compétitions à très fort enjeu. Quelles capacités il était capable de mobiliser dans ces moments-là. Comment, aux Jeux olympiques, à ses dix-huit ans, puis à ses vingt-six ans, il était allé instinctivement chercher des leviers émotionnels dont il avait besoin, et qui n'étaient pas les mêmes à ces deux périodes de sa vie.

Et il m'a lâché cette phrase qui m'a beaucoup troublée : « Si je t'avais connu plus tôt, tu m'aurais aidé à rester performant. Parce que je l'étais encore physiquement. Et tu m'aurais aidé à gérer ma motivation. À reconnecter mon corps à mon esprit. »

C'est si émouvant ; si fort, ce témoignage de la part d'un si grand champion. Un si grand champion, directeur de la mission olympique et si grand entraîneur aujourd'hui, qui a compris combien notre « mental » est crucial.

Florian aime à dire que ce travail lui a permis de rendre tous ces mécanismes psychiques beaucoup plus clairs. Qu'il l'a aidé à décortiquer les mécanismes psychologiques. Et le fonctionnement humain. Il aime à dire que ça s'est traduit pour lui par un bien meilleur accompagnement de ses sportifs. « Meriem me permet de mieux les cerner. De mieux les comprendre. Quand je peux être exigeant. Quand je dois lâcher. Quand je peux revenir à plus d'exigence. Grâce à elle, j'ai été beaucoup plus pertinent dans mon travail d'entraîneur. Elle m'a fait comprendre l'importance des mots que j'utilisais. Leur impact sur chacun de nous. Quand vous comprenez cela, quand vous prenez en compte la temporalité de chacun, sa manière d'être à certains moments, vous entraînez mieux les personnes que vous avez en face de vous. » Quel magnifique cadeau, il me fait aujourd'hui en m'offrant ce témoignage.

Je me souviens d'un de nos champions qui, à la suite d'une violente dispute avec sa compagne, s'est fait une blessure terrible à l'entraînement. Blessure qui lui a coûté un arrêt d'entraînement de six mois. Il n'avait pas fait le lien... Il ne s'était jamais blessé de cette façon mais il ne s'était jamais disputé non plus de cette façon-là. Cette dispute avait donné lieu à une menace de séparation. Il ne comprenait pas lorsque je lui disais qu'il y avait fort probablement un lien entre ces deux histoires : la dispute et la blessure. Nous avons essayé de comprendre ensemble... Globalement et brièvement la séance a abordé les éléments suivants : lorsque l'on est un être humain et que l'on rencontre des difficultés dans sa vie privée, notre cerveau en est perturbé. En allant à l'entraînement, il ne disposait pas de toutes ses facultés, même s'il a cru mettre à distance tout ce qui s'était passé avec sa compagne. Ses capacités cognitives étaient diminuées par la peur de la perdre, par la violence des mots, par l'angoisse des conséquences sur sa vie... Il a compris. Quelques mois après, il s'est retrouvé dans une situation similaire et il m'a dit : « J'ai fait attention cette fois-ci, Meriem, et, effectivement, je me suis rendu compte que je n'étais pas comme d'habitude. J'ai adapté mon entraînement et, cette fois-ci, je ne me suis pas blessé. »

Blessure sur blessure. Certains n'en reviendront pas malheureusement. Certains ne pourront pas se remettre en selle. Et je sais bien que le risque zéro n'existe pas. Par contre, on peut réduire les risques et diminuer les dommages !

Nous sommes tous des champions. Nous sommes tous de grands sportifs, chacun dans notre domaine. Et de la même façon que ces champions, nous sommes des êtres humains. Et nous méritons tous de prendre soin de nous et de nous occuper de notre tête comme de notre corps. Le soma et la psyché sont indissociables pour notre bien-être. Nous le savons depuis la nuit des temps, il serait dommage de l'oublier

Certains fervents supporters du club de Descartes ne seront peut-être pas d'accord. Quoi qu'il en soit, le résultat sur le terrain démontre que cela marche. Je pense que nous aimons tous ce qui marche, alors allons-y ! Je lisais récemment les travaux du docteur en génétique et en microbiologie médicale Jo Marchant[1]. Elle a passé en revue de nombreuses découvertes scientifiques récentes et a donné la parole à de nombreux patients, et ses conclusions sont implacables ! L'esprit contribue à soigner le corps. L'effet placebo, l'hypnose ou la méditation attestent des capacités extraordinaires du cerveau à lutter contre la douleur, à réduire le stress et à améliorer notre bien-être en dépit de la maladie. Aujourd'hui, grâce aux neurosciences, on ne peut plus faire comme si cela relevait de l'irrationnel. Heureusement on est désormais capable de savoir ce qui se passe dans notre cerveau à ce moment-là. Alors que pendant

1. *Se guérir*, Flammarion, 2017.

des années, quand nous tenions ce genre de discours, on nous regardait comme si nous étions des hurluberlus ! Quand je reçois des patients dans ce cabinet, ils arrivent avec leurs douleurs physiques et morales, et nous les décryptons ensemble. Puis nous retraçons la genèse de leurs douleurs, de leurs manque de sommeil, de leurs angoisses. Nous remontons un à un chacun des fils. Nous les dénouons ensemble : « Vous voyez maintenant le rapport entre ce qui s'est passé l'autre soir et votre douleur dorsale ? » Alors évidemment, ça s'appuie toujours sur des fragilités existantes. Il n'est pas question de nier l'aspect systémique. Le mental se greffe sur un potentiel génétique, un état de santé, de fatigue. En fait, il s'agit d'un système bio-psycho-socio, ainsi de suite. Ces différents paramètres se conjuguent, s'articulent et s'expriment sous différentes formes. On ne va pas tous développer les mêmes troubles ou les mêmes maladies. Il y a un terreau à la base. C'est toujours le même principe « paysan ». Il y a quelque chose à la base. Mais on va faire pousser ça ou ça en fonction de ce que l'on est, de l'état dans lequel on se trouve, de la façon dont on va gérer ce potentiel. Il me semble plus que nécessaire de ne pas négliger voire mépriser cet état de fait. Un être humain est un tout complexe. Et le nier, c'est passé à côté de continents entiers de connaissances. Le corps et l'esprit ne font qu'un. Et les traiter comme deux entités séparées qui ne communiquent pas est d'une absurdité totale.

C'est aussi pour cela qu'il est si important de s'observer et de tenir compte de tous ces éléments. Lorsqu'une personne présente des douleurs dorsales, je l'oriente tout d'abord vers un professionnel de santé. C'est une fois posé le diagnostic du médecin, du radiologue… que nous pouvons nous engager dans un travail psy cohérent. Il n'est pas question de passer à côté d'une pathologie. Quand quelqu'un me parle de migraines chroniques, je dois m'assurer qu'il n'y a aucune pathologie. Je sais que mes connaissances sont limitées et que j'ai besoin d'une équipe pour mieux accompagner les personnes dont je m'occupe. Lorsqu'une personne présente des troubles du sommeil chroniques depuis plusieurs années, je l'adresse en plus dans une consultation spécialisée dans un centre du sommeil. En fonction des situations, ce sera un médecin, un dentiste, un ostéopathe… Quand bien même l'événement qui a déclenché les douleurs serait psychologique, il faut soigner aussi le plan somatique. Nous ne négligerons jamais, au profit de la psychologie, cette dimension. Nous avons besoin d'être en sécurité pour travailler sereinement. Nous ne voulons pas nous tromper, faire une erreur même si je sais que malgré ces précautions cela reste possible. J'ai aussi besoin de mettre en sécurité les personnes et moi-même.

Une fois que l'on sait où l'on en est, on revient à notre champ de compétences. On passe tout en revue de ce qui s'est passé : les disputes, les tensions, les joies, les plaisirs, les parents, le coach, les collègues, les amours. Tout rentre en ligne de compte. Il n'y a rien de magique dans ce que je suis en train d'expliquer. Il suffit d'observer, d'analyser : « Je suis tendu, et je me rends compte que ce n'est pas seulement ma tête qui est sous tension mais aussi mon corps. » Cette situation est le terrain propice à diverses douleurs. Cela semble un peu simpliste et pourtant si nous faisons attention à ces phénomènes, nous allons comprendre des choses et notamment cerner la manière dont nous fonctionnons. Cela nous permettra de prendre conscience de l'influence de notre état d'esprit sur notre corps.

Quand on sent le stress monter, il faut tout d'abord savoir le détecter pour tenter ensuite de se relâcher. Non pas parce que nous décidons de nous relâcher. Le relâchement s'apprend. Comme s'apprend aussi le fait de savoir s'écouter, s'observer, se faire confiance avant d'aller jusqu'à la rupture… physique. Écouter son psychique pour éviter la rupture physique. Tout cela s'apprend. Rien n'est naturel. C'est pour cette raison que nous sommes nombreux à aller jusqu'à la rupture physique ou psychique.

Il existe de nombreuses approches ; n'hésitons pas à travailler sur plusieurs axes. Les thérapies cognitivo-comportementales, la mindfulness, l'hypnose, la psychanalyse, les thérapies EMDR… Nous avons le choix aujourd'hui. Nous verrons ensuite celles qui nous conviennent le mieux. Nous verrons aussi celles qui seront plus efficaces sur nous.

Toutes ces méthodes s'appuient sur un organe ultrapuissant, ultraperfectionné : notre cerveau !

Nous allons pouvoir mieux faire fonctionner et libérer notre cerveau. Nous sommes là, nous sommes bien ensemble, nous sommes bien avec nous-même. Commençons par nous installer dans cette sensation d'apaisement. Un jour, un de mes patients m'a demandé : « Je ne comprends pas, à partir de quand commence la séance ? » Parce que quand ils arrivent, je leur dis : « Bonjour, comment ça va ? » et puis souvent on commence par parler de choses et d'autres… Je leur raconte des histoires, comme le faisaient mes parents. Parfois, ça m'ennuyait un peu, je me demandais où ils voulaient en venir. Certaines des personnes qui viennent me voir aussi, d'ailleurs… qui ne supportent pas ma méthode. Je le comprends et le respecte.

Pour en revenir à mes parents, je me rendais compte, pas forcément tout de suite, parfois des années plus tard, que cette histoire, cette fable qu'ils nous avaient racontée, à mes frères et à moi, était une boîte aux trésors dans laquelle je pouvais puiser pour faire face. Une boîte aux trésors qui faisait que je n'étais pas seule face à ces difficultés. Alors sans m'en rendre compte, presque à mon insu, je le fais avec mes patients. La psy que je suis n'est pas au-dessus de vous. Tout cela je l'ai appris à l'école mais aussi dans ma vie professionnelle, de mère, de femme. Nous faisons partie du même monde, de la même vie, même si nous sommes tous différents. Ce n'est pas parce que c'est compliqué que nous sommes faibles, nuls ou fragiles. C'est la vie. Et ensemble, une fois qu'on aura compris et débloqué ce qui nous empêche d'avancer, nous allons progressivement obtenir de petites victoires. Préparons-nous tout de même à en baver ! C'est ainsi qu'au fur et à mesure, on va grignoter notre liberté. Au départ on ne voit rien car la progression est microscopique. Notre modèle sera celui des fourmis. Sans faire de bruit, nous allons construire notre palais. Pascale Kuntz, du Laboratoire d'informatique de Nantes Atlantique (LINA – CNRS/université de Nantes/École des mines de Nantes) nous y incite : « L'organisation des insectes montre que des structures sophistiquées peuvent émerger à partir d'interactions et de règles de comportement simples. En s'inspirant du comportement des fourmis, on peut même créer des algorithmes bio-inspirés. Ils permettent de donner de nouvelles idées pour résoudre des problèmes mathématiques d'optimisation, par exemple. »

Oser se libérer, c'est peu à peu aller plus loin que la douleur ressentie dans notre corps, que la douleur psychique. Comprendre d'où elle vient. Mais ce n'est pas suffisant, il faut ensuite agir ! Cette dysharmonie entre ce que l'on est et ce que l'on voudrait être peut être le terreau de douleurs dorsales, abdominales, voire de maladies plus graves encore. Les désorganisations physiques et psychologiques sont le résultat d'une combinaison bio-psycho-environnementale. Alors oui, c'est difficile de se mettre à nu et ce n'est pas plaisant de constater cet écart entre ce que je voudrais être et ce que je suis pour l'instant. Mais il ne faut pas s'arrêter là. « J'ai appris que le courage, ce n'est pas l'absence de peur, mais la capacité de la vaincre », disait Nelson Mandela. Soyons courageux pour nous-mêmes, nous en sommes capables. C'est là que tout commence. Nous ne sommes pas parfaits, certes. Et nous ne le serons jamais. Bien heureusement ! Mais ce qui est magnifique, c'est d'arriver à faire converger ce qu'on est avec ce qu'on veut être. Que l'on essaie de correspondre à ce que l'on voudrait être. Être en cohérence, en harmonie. C'est fabuleux de ressentir cet alignement. Personne n'a « tout bon » d'emblée. Ça n'existe pas. Seul le prétentieux le pense. Seul le prétentieux pense tout savoir, tout savoir faire. Mais nous ne sommes pas prétentieux, nous sommes ambitieux, c'est différent !

Et ce que nous voulons, c'est que chacun d'entre nous trouve sa paix intérieure.

J'ai une si grande chance, je n'y suis pour rien, le nom que je porte, Salmi, vient de *salem*, paix, salut…

Rire pour la vie

« Vous riez trop fort, Meriem ! » J'ai eu droit à ça, aussi… Eh oui, je le confesse, je ris souvent et j'adore rire. D'ailleurs, les seules fois où j'ai été exclue de classe, c'était parce que je riais déjà… trop fort. Je n'ai jamais su contenir mon rire. Je me souviens d'un de mes chefs de service qui, une fois, s'est énervé et m'a lancé : « On t'entend jusqu'à l'autre bout du couloir. Ce n'est pas sérieux. » Nous nous entendions très bien tous les deux mais… il trouvait que je riais tout de même bien fort. La première fois qu'il me l'a dit, ça m'a d'ailleurs beaucoup vexée. Je n'ai rien pu répondre. Mais, un peu plus tard, je lui ai dit : « Le rire est essentiel, notamment parce que mon travail est très sérieux, très exigeant, très compliqué parfois. Parce que c'est difficile. Parce que l'on doit traiter beaucoup de souffrance. Ici, dans ce bureau, nous vivons des émotions. Parfois, on y rit. Parfois, on y pleure. On vit, en fait. » Le rire permet une certaine mise à distance. Il permet de mettre de l'humour sur les bleus de la vie. Il permet de ne pas prendre au sérieux ou avec gravité tout ce qui nous arrive. De ce jour… progressivement, il est venu rire avec nous de temps à autre.

C'est aussi pour cela que j'aime autant le sport. Le sport, c'est jouer, s'amuser… et rire ! C'est apprendre, évoluer, grandir, se transformer dans le rire. Le sport est d'abord un amusement. Ne perdons pas ce plaisir de jouer. Les enfants apprennent en jouant. Quand je fais un combat avec mon professeur de karaté, je m'amuse ! Je m'entends rire intérieurement. Je retrouve ma fougue enfantine. Je ris parce que je m'amuse, parce que j'apprends, parce que j'ai envie de gagner, de trouver la faille. Je ris parce que je suis en vie. Bon, je dois confesser ici que je ne trouve jamais la faille ! Mon professeur est bien plus fort que moi ! Mais on rit. Et ce rire fait du bien. C'est ça, le plaisir du sport. C'est aussi pour ça que le sport, pour moi, est essentiel. Et je trouve merveilleux que dans le sport, tout le monde ait sa place. Tout le monde peut s'amuser. Qu'on soit fort, ou qu'on ne le soit pas. Qu'est-ce que ça peut faire ? Moi je prends plein de raclées sévères au karaté. Et alors ? C'est ce qui me fait progresser et je viens pour progresser, pour m'amuser, pour prendre soin de moi. Parfois, il m'arrive de gagner tout de même ! J'aime aussi gagner !

Le sport de haut niveau nous fait oublier que c'est avant tout du sport. C'est important de le rappeler. Il est fondamental de ne pas perdre ce plaisir. Évidemment, à ce niveau, il y a d'autres enjeux. Et ces enjeux sont tels que, parfois, ces athlètes de haut niveau oublient que c'est d'abord un jeu. Ils voient dans le fait de ne pas atteindre leurs objectifs une menace sur leur vie.

Quand j'accompagne les sportifs aux compétitions, l'une de mes missions est de faire baisser la pression. L'objectif est de libérer leur cerveau. Et de leur permettre ainsi d'utiliser au mieux toutes leurs compétences cognitives. Pour utiliser au mieux nos capacités, il faut savoir se relâcher. C'est simple à dire. Beaucoup moins à faire. C'est un état qu'il est très complexe d'obtenir. Mais dans ce chemin qui mène vers une certaine sérénité nécessaire pour être le plus performant possible, j'ai un allié : le rire. Le rire fait partie de ma boîte aux trésors. Pour certains coachs, nous voir rire est souvent synonyme de déconcentration, de je-m'en-foutisme. Eh bien, c'est un tort. C'est exactement le contraire qui se produit. Quand nous rions, nous nous extrayons de l'environnement producteur de stress pour nous retrouver dans une bulle bienveillante, sereine. C'est ce climat qui permet d'accéder à l'excellence. Nous sommes là, capables de nous maintenir dans le moment présent sans nous projeter en avant ou en arrière. Le rire nous permet d'évacuer toute pensée « malfaisante » qui pourrait nous déconcentrer. Le rire, nous permet de rester là, ensemble. Le sport est un jeu même si effectivement il est l'objet d'enjeux fondamentaux dans notre monde d'élite. Il réunit la planète à l'occasion de matchs ou de compétitions. C'est extraordinaire de constater la puissance du sport de haut niveau. Réunir des millions de personnes à travers le monde. Que l'on prenne l'exemple de la Coupe du monde de football ou des Jeux olympiques, je ne pense pas que l'on puisse trouver d'autres occasions où la mobilisation est aussi massive et unanime. Des personnes qui ne parlent pas la même langue, n'ont ni la même culture, ni les mêmes opinions politiques, ni les mêmes idées, sont là, ensemble, réunies pour soutenir leurs sportifs dans une même ferveur. Impressionnant !

Mais revenons un instant à la genèse de l'histoire d'un sportif. Au commencement est toujours une rencontre entre un enfant et un sport.

Au début du chemin, il y a un enfant qui croise le chemin d'un entraîneur. Ce dernier sera la première personne qui va détecter chez cet enfant le talent. Mais attention, le don n'est pas suffisant pour faire un grand sportif. Il faut aussi que cet enfant fasse preuve d'autres aptitudes particulières qui caractérisent un champion : ténacité, goût de l'effort, perfectionnisme, rapidité de compréhension et d'exécution. La famille de ce (futur) champion, son entraîneur, vont croire en lui. Vont balayer ses doutes et ses peurs. Et lui insuffler l'envie de réussir, l'envie de déplacer des montagnes… La famille est souvent très présente. Le soutient, l'accompagne, l'encourage. C'est ainsi que se noue le commencement d'un vécu émotionnel hors normes… Le début d'une histoire d'amour. D'une histoire passionnelle. D'une histoire faite de hauts et de bas comme ce que rencontrent tous les couples qui s'aiment…

Et puis un jour, parce que ses résultats sportifs deviennent excellents, on va lui proposer d'intégrer des filières de haut niveau. Il quittera sa famille et tout son environnement : école, amis, club, pour rejoindre un centre d'entraînement dédié aux sportifs de haut niveau. Ce ne sera pas facile…

Il va y rencontrer sa nouvelle famille. L'institution sportive va fonctionner symboliquement comme une famille de substitution. Il sera pris en charge sur le plan de la scolarité, de l'alimentation, du suivi médical… Il vivra en internat. Cette famille de substitution est un élément fondamental de la société sportive. Elle viendra occuper l'espace manquant et permettra un équilibre sur le plan affectif. Entièrement vouée à la performance, elle sera chargée de transmettre les valeurs, les modes de pensée, une culture, des repères identificatoires qui apporteront à ce jeune sportif un véritable sentiment d'appartenance et une identité particulière.

La famille « naturelle » ne perdra bien sûr ni sa place ni sa fonction. Son rôle sera fondamental et occupera une place centrale. Ce ne sera pas toujours simple pour elle non plus. Mais elle sera là, pour réconforter, pour soutenir, dans les moments difficiles comme heureux. Elle doit être là pour participer à l'évolution et l'épanouissement de son enfant.

Le futur champion s'entraînera alors tous les jours et même plusieurs fois par jour avec d'autres sportifs qui partagent les mêmes objectifs et les mêmes rêves. Ces liens constitueront tout à la fois un véritable équilibre mais aussi une véritable émulation dans ce parcours. C'est à cette occasion entre autre qu'il apprendra le respect, la tolérance et l'humilité, c'est un passage obligatoire pour construire un grand champion. Sur ce chemin, l'espace privé et l'espace public se confondront souvent. L'intimité sera rarement préservée. L'athlète devra gérer cette situation, ce qui ne sera pas toujours facile. Des amitiés et des inimitiés vont se faire et se défaire. Mais malgré ces rivalités, malgré cette promiscuité, malgré cette surexposition médiatique, un lien très fort les unira. Tous seront animés par la même passion et le même amour de la performance. Pas seulement pour gagner des médailles. Mais pour se dépasser et donner le meilleur d'eux-mêmes.

Le talent est primordial. Mais il n'est pas suffisant pour faire un grand champion. On ne naît pas athlète de haut niveau. On le devient au prix d'une série de transformations physiques, biologiques, physiologiques et psychologiques.

Un athlète s'engage dans une vie de labeur, de rigueur, d'exigence, dans laquelle rien n'est laissé au hasard. Il va apprendre rapidement que le sommeil est un élément essentiel pour être en forme. Il en est de même pour l'alimentation dont les ressources énergétiques peuvent cruellement manquer si l'on est négligent. L'athlète va aussi devoir être rigoureux sur ses sorties.

Pour la plus grande majorité, ils vont également poursuivre leurs études. C'est fondamental, mais ce n'est pas toujours compatible avec le calendrier des compétitions.

Ils vont aussi apprendre à vivre avec les autres et à se respecter : entraîneurs, encadrement sportif, partenaires d'entraînement… pour ne pas dire concurrents. Où, ailleurs que dans le sport de haut niveau, voit-on des concurrents directs s'entraîner ensemble en se respectant ? Les athlètes savent, eux, que ce sont leurs adversaires qui les feront progresser chaque jour. Quelle fantastique expérience d'humanité !

L'entraîneur est une personne importante. Des liens très particuliers se tisseront entre eux. Pourtant, et malgré cette relation, il est fort probable aussi que le champion soit amené, un jour ou l'autre, à changer de coach pour différentes raisons. L'ensemble de l'encadrement sportif (entraîneur, directeur technique national, kiné, médecin, nutritionniste, préparateur physique, psychologue, préparateur mental, et j'en oublie) et ce champion formeront progressivement un couple uni pour le meilleur et pour le pire. Uni au service de la performance. L'équipe sportive participera à construire, entretenir et valoriser cette logique particulière de la perfection et de l'idéal.

Le corps mais aussi la tête prendront une dimension particulière et seront entièrement dédiés à la performance. Soma et psyché se conjugueront simultanément, produisant ainsi une construction identitaire spécifique.

La performance procure à ces sportifs – ils en parlent souvent – une émotion incommensurable, une sensation inexplicable. Ce sont des chercheurs de l'expérience unique, de l'extraordinaire, de l'exceptionnel… J'entends encore cet immense champion qu'est Florian Rousseau m'expliquer les émotions indescriptibles suscitées par la compétition. « C'est tellement puissant, ce que délivre la victoire. Ces quelques secondes d'invincibilité quand on gagne… »

En plus de s'entraîner physiquement, le sportif de haut niveau saura aussi se préparer psychologiquement à dépasser des situations extrêmement dures. Il devra apprendre à se dépasser et être capable de se remettre en question, sans lâcher prise lorsqu'il est en difficulté. Il devra, en plus, gérer l'éloignement familial, les contre-performances, les blessures graves, les médias, les moments où on ne trouve tout simplement pas de solution…

Il apprendra à trouver cette harmonie avec lui-même, qui est un confort essentiel. Il apprendra à lâcher prise sur l'image qu'il souhaiterait renvoyer pour se trouver et assumer ce qu'il est.

C'est une logique d'élite. Il ne suffit pas d'être bon, il faut être le meilleur. Être toujours au maximum de ses possibilités, ne rien lâcher, et cela pendant des années. L'apprentissage est une obligation, amenant avec elle ses périodes d'inconfort et de malaise. Lorsque l'on apprend quelque chose, il y a toujours un moment où l'on ne sait pas faire. Ces athlètes devront accepter cette situation parce qu'ils savent qu'ils doivent la dépasser pour arriver au meilleur d'eux-mêmes. Les sportifs de haut niveau sont en permanence en train de s'adapter. S'adapter pendant l'entraînement. S'adapter en compétition. S'adapter à la vie en général. C'est d'ailleurs l'une des définitions de l'intelligence : la capacité d'adaptation à l'environnement. Il s'agit de personnes dotées d'un corps hors normes, mais aussi d'un cerveau hors normes. Chaque moment pour eux est l'occasion d'apprendre, de grandir, de développer leur intelligence.

Perfectionnisme, goût de l'effort, envie d'être le meilleur sont autant de qualités recherchées pour un sportif. Le paradoxe, c'est que ces mêmes qualités peuvent faire de la vie de ce sportif un véritable cauchemar si lui ou son entraîneur perdent le contrôle.

C'est l'excès et le franchissement de la limite qui vont créer le déséquilibre et les conditions d'émergence de la pathologie. Le sport ne crée pas la pathologie. C'est un certain contexte, une certaine situation, à un certain moment, avec une personnalité donnée, qui peut la créer.

Les champions ont une tolérance à la souffrance physique et psychologique hors normes. Leur positionnement est régulièrement à la limite de la rupture d'équilibre physique et psychologique. Le sportif de haut niveau est ainsi un paradoxe en lui-même puisque, pour parvenir au firmament, il doit tout à la fois devenir plus fort et plus fragile.

La quête de la performance peut devenir une obsession. Il faudra un accompagnement pour ne pas y laisser sa peau. Je pense à Amandine Buchard, qui a traversé, à une période de sa vie, des moments de détresse épouvantables. Aujourd'hui, grâce à sa détermination, son courage, son intelligence, elle inscrit son retour sous la marque des très grands champions.

C'est ici est que mon travail devient crucial. Mon rôle est aussi de recréer autour des grands sportifs que j'accompagne une bulle « bienveillante ». Certains m'ont dit que j'étais devenue leur « garde du corps psychologique ». C'est au moins parlant.

Félicitons-nous de ce que nous ne savons pas encore

Vous ai-je parlé de mon orchidée ? Ou devrais-je dire de la magnifique orchidée qui avait perdu toutes ses fleurs dans mon cabinet ? Je l'ai mise à côté de mon olivier. Devant la porte de chez moi, j'ai cet arbre. Je ne saurais vous dire depuis quand. Et cet olivier a une particularité : c'est un arbre protecteur. Un arbre chamane. Chaque fois que je mets une plante à côté de lui – je lui ai mis un bougainvillier, une azalée et bien d'autres plantes encore –, il s'enroule autour d'elles, comme pour les protéger. Et les deux plantes poussent en symbiose. La plante protectrice enroule ses branches autour de la plante protégée qui n'a jamais été aussi belle. Quand je parlais de cela à mon entourage, on me prenait pour une hurluberlue. Jusqu'à la parution de *La Vie secrète des arbres*[1], de Peter Wohlleben. Depuis, « on » rit moins. Parce que Peter Wohlleben, s'appuyant tout à la fois sur des travaux scientifiques et sur sa propre

1. *La vie secrète des arbres*, Les Arènes, 2017.

expérience de terrain, a démontré que les arbres communiquaient entre eux par le biais de leur système racinaire. Que les plus anciens veillaient sur les plus jeunes, les empêchant notamment de grandir trop vite. Que certains arbres étaient capables d'éloigner les prédateurs. Bref, qu'il y avait un monde secret des arbres dont nous ignorions totalement l'existence jusque très récemment. Cette ignorance n'empêchait pas les cartésiens de se moquer gentiment de nous quand nous évoquions ces faits inexplicables. Trucs de bonne femme ! Histoires de sorcière ! Enfin, tout cela n'avait aucun sens selon eux. Oui, mais voilà, maintenant, toutes ces choses que l'on ressentait, que l'on pressentait, que l'on constatait, ont des explications scientifiques. Je m'en félicite.

J'ai été marquée par les travaux d'un chercheur américain assez incroyable. Il s'appelle Stuart Firestein[1], il occupe la chaire du département de biologie de l'Université de Columbia. Et ses travaux portent sur le système olfactif des vertébrés. Comme il le dit lui-même dans la présentation de son laboratoire, nous courons après la question fondamentale que se pose le monde : comment sentons-nous ? Ce très grand chercheur est également d'une humilité incroyable. Il explique que nous avons une vision totalement distordue de la science. Que nous la voyons comme quelque chose d'infaillible et de fondé sur des faits indiscutables… et un peu effrayants ! Que l'on ne communique que

1. *Les Continents de l'ignorance*, Odile Jacob, 2014.

sur les découvertes et jamais sur les processus qui ont conduit à ces découvertes. Quant aux politiciens qui ont « payé » pour certaines de ces recherches, ils les veulent eux aussi indiscutables puisque leur politique s'appuiera dessus. Sauf que… la science, ce n'est pas cela. La science, c'est un long processus qui s'appuie d'abord… sur notre ignorance ! La science, ce sont mille et un détours, culs-de-sac, erreurs, et autant de pérégrinations à l'origine des plus grandes découvertes. À l'origine de la science, il y a l'ignorance. « L'ignorance de tout ce que nous ne savons pas, et même de ce que nous ne savons pas ne pas savoir, est la force inhérente de la science[1]. »

Ce grand chercheur nous dit de nous réjouir de ne pas savoir. Que ce sera notre moteur. Et, d'ailleurs, tous les ouvrages de littérature, de philosophie, nous expliquent la beauté qu'il y a à se tourner vers les choses que l'on ne connaît pas encore. Mais c'est sans compter que notre société vit très mal ces « continents de l'ignorance ». Il faut factuellement tout savoir. Ou se taire. Taire ses impressions, ses ressentis. Au risque de passer sinon pour un doux dingue. « Toi et tes trucs ésotériques ! » Sauf que, si on revisite nos sorcières ou nos fées d'antan à la lumière des recherches et des publications scientifiques, on s'aperçoit qu'elles étaient fort probablement des êtres brillantissimes. En fait, notre société peut être très cruelle. Quand elle

1. http://imaginaryoffice.pairserver.com/project/firestein/?page_id=8

ne comprend pas, elle bannit, elle punit, elle ostracise. Et c'est ce qui fait qu'il y a une partie de nous, celle que j'appellerai l'intelligence émotionnelle, que l'on a anéantie. On ne sait pas expliquer l'instinct, le ressenti. Donc, il faut l'anéantir. Écraser cette part animale qui existe en nous, parce qu'elle ne serait pas « rationnelle ». Eh bien, moi, je pense exactement l'inverse : écoutons la part animale qui est en nous…

Et suivons notre instinct

Ce que je vais vous raconter ici va vous étonner plus encore que le monde secret des arbres. Que les continents de l'ignorance de Stuart Firestein. Revenons à mon orchidée. Si elle perdu ses fleurs, c'est parce que dans mon cabinet se nouent des « énergies » (appelons-les de cette façon pour le moment, tant que nous ne saurons pas encore les définir précisément). Je les ressens. Je les reçois de la part de mes patients. Et moi-même, je leur envoie des énergies. Il y a quelque chose de physique qui se noue ici. Alors les cartésiens n'y croiront pas ? Tant pis pour eux. Ils méprisent aussi les marabouts dont je suis issue. Or, même si on ne sait toujours pas aujourd'hui expliquer leurs dons, on ne peut que constater que ces sorciers, ces marabouts, sont des personnes extraordinaires qui ont des sens hyper-développés. Ils sont doués, ils ont du talent ; et ce talent, ils l'utilisent au service des autres. Ces gens-là, les scientifiques cartésiens les ont méprisés. Je pars du principe que si quelque chose marche même si on ne peut pas encore l'expliquer scientifiquement il est absurde de nier sa réalité ! Et puis, si ça marche, pourquoi s'en priver ?

Vous allez voir un magnétiseur, un rebouteux, des « sorciers », votre douleur disparaît. Ça marche, autant dire. Les scientifiques vous diront : c'est normal, c'est l'effet placebo ! Et quand bien même ? Parfait ! Si la visite chez ce magnétiseur vous a permis de mobiliser une énergie cérébrale vous permettant de contribuer à votre propre guérison, réjouissons-nous, au lieu de juger.

Il faut évidemment être prudent quant aux choix des personnes que l'on consulte. Nous savons qu'il existe dans ce monde des personnes manipulatrices, des sectes, et qu'il faut absolument s'en prémunir. Je pense pouvoir m'autoriser à dire qu'il n'y a pas que dans ce monde-là qu'il existe des charlatans.

Si je prends le temps de déployer auprès de vous cette question d'énergie, c'est que je voudrais que chacun d'entre nous, même s'il n'est ni marabout ni guérisseur, mobilise en lui l'énergie, l'instinct – appelez cela comme vous voudrez – nécessaire pour se prémunir de tout ce qui peut blesser.

Prenons cet exemple assez classique. Chacun d'entre nous a ressenti ce qu'il verbalise comme une mauvaise ou une bonne impression en rencontrant quelqu'un pour la première fois. Toute notre éducation nous invite à ne pas écouter ce premier ressenti. Voyons ! C'est absurde ! Il ou elle est sans doute charmant ou charmante… ou, à l'inverse, épouvantable ! Bien. Je vais faire le contraire de ce que la

« bonne » éducation nous pousse à faire. Je vais vous inviter à écouter cette première impression et à la garder en mémoire. Souvenez-vous de votre ressenti à la première rencontre. Faisons appel à d'autres ressources. Pourquoi ne pas nous servir de toutes ces richesses insoupçonnées et ne pas en tenir compte ? Aujourd'hui, nous savons que ces intuitions sont des compétences relevant de notre intelligence émotionnelle. Pensons à l'étymologie d'« émotion » du latin *exmovere* : *ex* pour extérieur et *movere* signifiant s'émouvoir, remuer, bouger, ébranler, agiter.

L'*émotion* est donc bien là pour nous faire bouger !

Pendant longtemps, on s'est moqué de ces émotions. Pourtant, tout ce qui est intuition, gestion de soi, gestion des autres, est crucial. Il faut apprendre à se connaître, apprendre à identifier ses émotions pour savoir en faire quelque chose. Oui, ce que nous ressentons est très important. Prenons-le en compte. Parfois, on peut se tromper, c'est vrai. Parfois, on a des jugements hâtifs, bien entendu. Il faut aussi être vigilant. Mais ayons à l'esprit cette première impression. Cette impression « irrationnelle », cette impression prétendument sans fondement. Oui, mais pourtant elle est bien là. Elle a un sens, une raison d'être là. C'est quelque chose qui *a priori* n'a pas de sens, mais que l'on ressent très fortement. On la ressent dans son corps, physiquement. Cette boule dans la gorge en présence de certaines personnes. Le poil qui se hérisse. Ces sueurs froides… On en tient compte. On ne ferme pas cette partie de soi qui nous dit : attention. Il faut faire confiance à nos intuitions. Peut-être devons-nous nous éloigner. Le malaise créé par cette situation n'est pas bon signe. Parfois même cette situation va susciter de la violence en nous.

Or il nous faut apprendre à nous protéger de certaines situations. Ne surtout pas entrer en conflit, c'est une énergie ahurissante dépensée inutilement... Et cette énergie que vous allez mettre dans cette bataille, c'est une énergie vitale que vous ne pourrez plus mobiliser pour des batailles qui en valent la peine. Car ces situations s'attaquent à votre être.

Le premier des combats, c'est d'éviter le combat, d'accord ? Parce que la bagarre de rue, ce n'est pas pour nous. On va vider notre énergie. Trembler physiquement. Et mettre des jours à s'en remettre. Tout ça pour un combat qui ne valait pas la peine d'être mené. Ce sont ces combats psychiques qui nous laissent des traces physiques.

Il faut aussi accepter que certaines personnes ne nous aiment pas et ne nous veulent pas de bien. Et ces personnes ont parfaitement le droit de ne pas nous aimer, de ne pas aimer nos manières, notre façon de nous comporter. Juste, nous, on avance. On continue notre chemin. On ne perd pas de temps, ni à essayer de les convaincre ni à se battre contre elles. On avance !

Voulez-vous que je vous dise le plus drôle ? Quand bien même nous arriverions à nous faire aimer d'elles – ce qui me paraît peu probable ! –, nous ne serions pas bien ensemble ! Elles s'ennuieraient avec nous, et nous, avec elles ! Il y a des mondes différents. Acceptons-le. Et focalisons-nous sur les relations de qualité. Il y a aussi ces moments de vie où l'on se sent attiré par d'autres personnes. Ces moments si précieux où l'autre nous porte au meilleur de nous-même, nous transcende ! Privilégions la qualité de la relation à la quantité. Ayons conscience que certaines personnes qui nous entourent sont des êtres précieux qui remplissent notre vie. Imitons le Petit Prince de Saint-Exupéry !

Et puis, pour les autres, il faut accepter qu'ils ne partagent pas notre point de vue. Qu'ils ne sont pas d'accord avec nous sans que nous nous sentions en danger, menacés, blessés, touchés. Ne nous laissons pas abîmer, voire massacrer par un environnement douteux ! Nous avons nous aussi des limites. Ne soyons pas prétentieux. Acceptons-les ! Acceptons aussi que l'humanité soit faite ainsi. Tout le monde à sa place. Si nous n'avons pas de place auprès de ces gens, il y a d'autres endroits où nous serons bien. Ne nous acharnons pas à aller à l'encontre de ce que nous sommes. Si nous ne nous respectons pas, les autres ne le feront pas non plus. Or personne n'a le droit de nous manquer de respect, et, en premier lieu, nous n'avons pas le droit de nous manquer de respect !

Nous les respectons, ils nous respectent. Nous ne partageons pas le même point de vue. Point.

La liberté c'est aussi peut-être de savoir s'éloigner et passer son chemin. Non pas en baissant la tête mais en étant digne et en respectant nos propres choix. Permettons-nous d'être heureux et fiers d'avoir su éviter un combat inutile. Ne nous surestimons pas en pensant que tous ces combats ne laisseront pas de séquelles. Nous sommes dotés de sensibilité et nous mettrons du temps à récupérer.

N'oublions pas, lorsque l'on se sent mal dans un environnement et que, après de multiples tentatives, il n'y a aucune évolution intéressante, il nous reste à partir sans nous retourner.

Les lieux aussi comptent

Il flotte dans mon cabinet un parfum aux tonalités herbacées. J'aime cette odeur légère, mais présente. Apaisante. Comme je vous l'ai dit, j'ai mis cette grande table rugueuse face à moi. Enfin, entre moi et les personnes avec qui je travaille. Je me rends compte que j'y pose mes deux mains jointes, j'aime bien les tenir l'une contre l'autre. J'écoute attentivement, mais pas seulement, j'observe aussi. Souvent les personnes arrivent ici, chargées de leur stress, des ondes de leur journée. Certains se tassent dans le fauteuil. Comme s'ils se repliaient sur eux-mêmes. D'autres, plus conquérants, posent leur mains sur cette table en bois. Leur posture, leur attitude me donnent déjà plein d'indications sur leur état psychique, sur leur personnalité, sur ce qu'ils sont. Notre corps, notre façon de nous tenir, en dit long sur qui nous sommes.

Je me tiens là, dos à la lumière, entre ces deux fenêtres. Rien que les fenêtres. Aucun meuble. Rien. Je veux que les énergies puissent circuler. Que les énergies négatives dont certains de ces personnes sont chargées puissent s'évader par ces fenêtres. J'aime par ailleurs l'idée qu'il y ait deux fenêtres, et que je me tienne au centre. Comme pour dire à mes patients qu'il y a plusieurs chemins. Que je peux les accompagner. Mais que ce n'est pas à moi de leur dire lequel emprunter. C'est à eux de choisir. C'est à eux de reprendre leur vie en mains. Je ne suis qu'un passeur : d'énergie, d'ondes, de belles pensées. Je les aiderai avec toute l'énergie que je peux leur donner. Il y a vraiment quelque chose qui se passe dans ce lieu.

J'aime ce cabinet. Je m'y sens bien. Mes patients aussi. Ils me disent qu'ils s'y sentent apaisés.

J'ai mis longtemps à trouver cet endroit. Je le voulais particulier. Je voulais que mes patients s'y sentent bien, protégés. Du coup, la quête de ce cabinet revêtait pour moi un caractère impérieux. Je passais tous mes moments libres à visiter des bureaux, des bureaux, des bureaux… Ça a duré un moment. Et, un jour, un agent immobilier m'envoie des photos de ce lieu. Nous étions en soirée. Je regarde les photos. Et je sais immédiatement que c'est ce lieu qu'il me faut. Je l'appelle sur-le-champ : « Je le prends ! Vous m'entendez ? Je le prends ! » Il me dit : « Attendez, vous ne l'avez pas encore vu. » Je lui dis : « Vous commencez à quelle heure le matin ? 8 heures ? Je serai là. » J'annule mes consultations. Je viens et je lui dis : « Je le prends, tout de suite. » Dès que je suis entrée dans ce lieu, j'ai su. J'aime les immeubles anciens. Car ce sont des lieux qui ont respiré, qui ont vécu. Je suis entrée dans cette pièce qui est aujourd'hui devenue mon cabinet, je me suis sentie bien et les personnes qui y viennent aussi.

Je vous raconte cela, parce qu'il est primordial de se sentir bien dans les lieux dans lesquels on vit, comme dans les lieux dans lesquels on travaille. Il est très important de se les réapproprier pour se sentir sereins en leur sein. Quand j'évoque l'importance des lieux et le fait de s'y sentir à l'aise, là encore les esprits rationnels m'opposeront peut-être au mieux un sourire poli, au pire des railleries. C'est amusant, quand on sait combien le respect des règles du feng shui, cette discipline millénaire qui a pour but d'optimiser la circulation de l'énergie – le Qi, littéralement le souffle de la nature –, est un impératif absolu en Asie. On aménage son environnement pour que l'énergie y circule convenablement. Et les Asiatiques sont persuadés que c'est cette circulation de l'énergie qui permettra bien-être, santé, sérénité. À Hong Kong par exemple, et notamment au cœur de la City, les architectes font très attention à respecter les lettres du feng shui. L'emplacement de chaque mur, de chaque fenêtre, de chaque porte est étudié en fonction du vent, de la pluie, des éléments. La Bank of China, bâtie par l'architecte Ieoh Ming Pei, est ainsi vue d'un mauvais œil ; anguleuse, elle briserait le flux des énergies. Au contraire, la tour d'HSBC, construite par Norman Foster, respecte à la lettre l'esprit du feng shui. D'ailleurs, pour l'ériger, l'architecte a fait appel à des maîtres de feng shui qui ont réalisé des calculs mathématiques complexes et utilisé une boussole spécifique afin d'en préserver le Qi. On remarque aussi dans de nombreux immeubles des « trous » gigantesques afin de laisser les énergies circuler. Bloquer le Qi est quasiment un crime de lèse-majesté.

Étant donné la prospérité de Hong Kong, qui sommes-nous pour nous moquer ? Ne serait-il pas temps, au contraire, de laisser circuler notre Qi ?

Mon adversaire, cet allié

S'il est important de rester vigilant, voire de se débarrasser des mauvaises énergies et de se protéger, il ne faut pas, pour autant, considérer l'autre comme un ennemi, bien au contraire ! Ou, pour être plus juste, notre adversaire n'est pas un ennemi. Il peut même devenir notre meilleur allié.

Reprenons le cas des tensions, qui avaient fait les choux gras de la presse sportive, entre les deux stars du PSG que sont Neymar et Cavani. Essayons de comprendre ce qui s'est passé. Essayons de comprendre ce qui peut se passer dans la tête des sportifs de haut niveau. Pas facile. Trop souvent, on pense, à tort, que c'est facile de comprendre le fonctionnement humain. Alors, plutôt que de juger, d'y voir un ego surdimensionné, peut-être pourrions-nous lire autrement ces comportements. Lorsque l'on parle de Neymar ou de Cavani, on est face à deux athlètes de très haut niveau. Bien entendu, il y a des rivalités. Leur passion, c'est le ballon rond. On peut au moins poser ces hypothèses : Neymar voit la balle, il vient d'arriver, il a été acheté pour une somme ahurissante pour le commun des mortels, l'un de ses objectifs est donc d'apporter la démonstration que l'on ne s'est pas trompé sur son compte. Il doit prouver qu'il sert à quelque chose sur le terrain. Il a envie de faire gagner son équipe. Il subit une pression inouïe. Sur ces entrefaites, Cavani, présent depuis plus longtemps que lui, veut probablement prendre une place plus importante. Il s'agit d'hypothèses, je ne suis dans la confidence ni de Neymar ni de Cavani… Pour autant, je suis dans celle de suffisamment de grands champions pour savoir comment ils fonctionnent. Soyons bienveillants à l'égard de ces athlètes, plutôt que d'être systématiquement dans l'attaque. L'adversité que l'on sent pointer entre eux fait partie du sport. C'est le jeu. Si l'un veut être le meilleur, c'est toute l'équipe qui en sortira grandie. Demander à un sportif de haut niveau d'inhiber cette envie extraordinaire est une aberration. Plutôt que de chercher à étouffer cette envie, à la stigmatiser, aidons-les à la mettre au service du collectif. Nous allons le travailler, car, évidemment, il y a des règles à respecter. C'est avec ces règles et cette envie que nous allons construire l'alchimie de l'excellence. Ce que je trouve fascinant, c'est que, dans ce monde du sport, les athlètes vont être dans l'obligation de faire ensemble et même de faire « excellemment » bien ensemble. Je ne crois pas que ce soit le cas dans beaucoup d'autres mondes. Le sport est d'abord collaboratif. Ils sont donc dans l'obligation de s'entendre, de se réconcilier. Ils le savent. Ils ont reçu une éducation sportive. Et ils vont le faire. Leur point de convergence, c'est la recherche de l'excellence. Leur objectif, c'est de constituer la meilleure équipe au monde. Ils ne sont pas dans l'obligation d'être « amis », mais ils seront dans l'obligation de travailler et de se respecter dans le cadre de leur activité professionnelle. Ils seront dans l'obligation de s'entendre pour se dépasser, ensemble.

Je sais que ce n'est pas toujours le cas. Je sais aussi qu'il existe des événements et des actes ignobles, abjects, inacceptables dans le sport. Je sais aussi qu'il y a des tricheurs, des voleurs et des escrocs. Mais je sais surtout que, si le contexte est tendu, angoissant, agressif, il y a fort peu de probabilités qu'une équipe soit performante à long terme. Je ne décris pas un monde parfait. Je décris les mécanismes qui sous-tendent l'obligation de s'entendre pour accéder à l'excellence.

Dans le sport, nous devons le respect à nos partenaires, à nos adversaires, bref… à tout le monde ! Les sportifs savent que l'objectif n'est pas de détruire l'autre ni de le tuer, même lorsque l'on est adversaire. Évidemment, lorsque l'autre gagne, il arrive parfois – surtout chez un sportif débutant – que la haine vous submerge pendant un moment. Il n'est pas question de cautionner cette attitude… Il n'en reste pas moins… qu'elle est humaine ! Rassurez-vous, cela ne dure pas !

Quand Teddy Riner, en demi-finale des championnats du monde de Budapest, en septembre 2017, fait face à un adversaire géorgien – Guram Tushishvili – qui a tout tenté pour le déstabiliser et a bien failli y arriver, il ne s'énerve pas. Il ne perd pas son sang-froid. Il l'applaudit et le félicite. Je sais à ce moment-là qu'il est heureux d'avoir eu un adversaire qui a osé vouloir l'affronter. Qui a osé vouloir gagner face à lui. Il s'est senti respecté. Il y tenait et moi aussi. Il aime gagner de cette façon en se battant jusqu'au bout de lui-même. Nous savions que ce serait compliqué, une succession de blessures ne lui avait pas permis de suffisamment se préparer physiquement. Il s'est présenté à ces championnats du monde sans compétition depuis les JO de Rio, soit depuis plus d'un an… Nous savions que nous devions compter encore plus fort sur ses capacités psychologiques. Aussi, nous les avons travaillées, encore et encore. Je sais qu'il regarde toutes les vidéos de ses combats, et de ceux de ses adversaires, pour savoir ce qu'il doit améliorer. Je sais aussi que c'est grâce à cette intelligence qu'il gagne. Il gagne parce qu'il est brillant. Et cela aussi, il l'a beaucoup travaillé.

Cherchons autour de nous. Existe-t-il beaucoup d'autres lieux au monde où des adversaires, des concurrents, se félicitent ? Non. La plupart du temps, ils s'attaquent, se méprisent, voire s'insultent. Je ne dis pas que cela n'existe que dans le monde sportif, mais reconnaissons que c'est rare ! « Bravo, il était meilleur que moi. » Voilà les phrases que j'entends dans ce cabinet. L'humilité est la marque des grands champions. C'est aussi ça, l'intelligence.

Et, au sommet, il y a certaines caractéristiques essentielles : l'humilité et le respect.

Cette humilité se forge au fur et à mesure des défaites successives. Ils savent qu'ils peuvent perdre. Et ce, même s'ils se sont entraînés du mieux qu'ils le pouvaient. Ils ont appris que l'on ne gagne que si l'on accepte de perdre. Sur leur chemin, ils ont rencontré des blessures. Pas seulement physiques, celles de l'âme aussi. Je me souviens d'un grand champion qui un jour m'a dit : « J'ai connu la souffrance de l'entraînement et des blessures, je ne connaissais pas celle de la dépression. Je ne veux plus jamais retrouver la souffrance psychologique. Les autres douleurs ne me font pas peur. » Atteindre le sommet de l'excellence, ce sont des souffrances. Mais aussi des émotions positives incommensurables. Le sport est un haut lieu de l'émotion. Je sais que certains diront que, avec tout l'argent qu'ils gagnent, ils n'ont pas à se plaindre. Je sais. C'est vrai. Certains reçoivent des sommes considérables. Mais je répondrai que l'argent n'a jamais été un antidote à la souffrance. Par ailleurs, rappelons tout de même qu'un grand nombre de sportifs ne gagnent pas d'argent. Ce sont des passionnés, il s'agit avant tout pour eux d'une véritable histoire d'amour. Plus de la moitié des sportifs de haut niveau vivent sous le seuil de pauvreté. Pensons aux lutteurs, aux haltérophiles, aux gymnastes, aux hockeyeurs…

Je me souviens d'une histoire que m'a racontée Ladji Doucouré. Ladji est un grand champion. En 2005, à Helsinki, il devient le deuxième athlète masculin français après Stéphane Diagana à remporter un titre de champion du monde individuel en s'imposant en finale du 110 mètres haies. Et il a tellement d'autres médailles à son palmarès ! Il était en compétition aux États-Unis dans une période de sa vie très compliquée. Alors qu'il était dans une phase où la performance était loin d'être au rendez-vous, des Américains sont venus le voir. Ils l'ont félicité d'être là, de se battre pour revenir. Il a réussi ce jour-là à se qualifier pour les JO dans des conditions excessivement difficiles. C'est aussi ça, un champion. Ce n'est pas seulement une médaille. Leur plus grande victoire, c'est de ne jamais se résigner. J'ai été émue par cette histoire, c'est tellement rare d'aller féliciter un sportif qui est dans une période de sa carrière où il ne gagne pas. Ladji méritait ces félicitations, et d'autant plus dans cette phase douloureuse de sa vie. J'ai senti à quel point ces mots, cette reconnaissance l'avaient touché et « réparé ».

« Ne me jugez pas sur mes succès, jugez-moi sur le nombre de fois où je suis tombé et où je me suis relevé à nouveau », disait Nelson Mandela.

Le sport nous forme à accepter les victoires comme les défaites. L'équipe est essentielle. On ne réussit jamais seul. Là aussi, chacun a sa place. Nous connaissons l'objectif et nous allons nous donner les moyens d'y arriver ensemble. Cette aventure se vit ensemble, quel que soit le résultat. Cette solidarité est une merveilleuse énergie qui nous porte. Par conséquent, lorsque cela n'a pas fonctionné, on ne cherche pas qui a commis la faute, cela n'a aucun intérêt. On ne cherche pas non plus un coupable ou un bouc émissaire. Le principe qui consiste à désigner le fautif est absurde. Et c'est trop facile. Trop facile de ne jamais se remettre en cause. Trop facile de ne pas prendre ses responsabilités. Faire sauter un fusible, couper des têtes est inacceptable. Observons, cherchons et analysons « ensemble » ce qui dysfonctionne. Ensemble, encore, nous trouverons les stratégies à mettre en place.

Ne nous contentons pas de nous féliciter lorsque cela marche. Félicitons-nous aussi de trouver ce qui n'a pas marché, pour ne pas le reproduire. Je regardais la vidéo d'un match avec un joueur professionnel. « Observe le comportement de l'équipe quand les choses se passent mal. Au fur et à mesure, vous vous éloignez les uns des autres. Au fur et à mesure, vous êtes si mal que chacun se réfugie en son for intérieur. » Ce comportement est humain, personne ne sait plus quoi faire, chacun s'en veut, a honte. Dans la vie « classique », c'est la même chose : on s'en veut, on a honte. Nous n'avons pas à avoir honte ! Nous avons la chance d'être ensemble pour affronter ces passages difficiles. N'accusons personne. Cherchons ensemble nos ressources, nos compétences, nos failles. Quand bien même nous n'aurions que peu de choses à notre service, travaillons pour les utiliser au mieux. Et développons d'autres compétences, d'autres habiletés.

Soyons solides et… solidaires dans la défaite comme nous le sommes dans la victoire. Nous avons, nous aussi, la possibilité de créer notre « équipe de vie ». Des personnes sur lesquelles on puisse s'appuyer. La vie est aussi un sport où l'on ne réussit qu'en équipe. Certains d'entre nous n'auront pas la chance d'avoir une famille, mais il y a une chose qui nous est possible, c'est de nous donner les moyens de nous entourer d'une « équipe-famille » que l'on a choisie.

Pourquoi ne pas partir du principe que nous avons une belle équipe ? Pourquoi ne pas partir du principe que, quand bien même l'un d'entre nous serait défaillant ou rencontrerait certaines limites, nous pouvons l'aider à grandir, à devenir meilleur ? Pourquoi préfère-t-on désigner un bouc émissaire plutôt que d'essayer de poser les choses ? Et de réfléchir ensemble à ce qui n'a pas fonctionné ? Quel gâchis ! Rien ne sera réglé de cette façon ! Par contre, quel épouvantable système de production de souffrance ! Les lois systémiques sont pourtant si intéressantes.

Joël de Rosnay, docteur ès sciences, président exécutif de Biotics International et conseiller du président de la Cité des sciences et de l'industrie de la Villette, explique qu'un « système est un ensemble d'éléments en interaction dynamique, organisé en fonction d'un but ». Prenons cette belle habitude de l'approche systémique et tentons d'analyser cet événement complexe dans son environnement, dans son fonctionnement, dans ses mécanismes, dans son organisation, sa structuration, dans les interactions, mais aussi en tenant compte de ces femmes et ces hommes qui le composent.

Plutôt que de se focaliser sur une personne désignée comme responsable, centrons-nous sur le système. Identifions ce qui dans le système « n'a pas fonctionné » et, au contraire, « ce qui fonctionne ». Ce que « nous avons su faire » et ce que « nous devons apprendre ». Personne n'est « mauvais », personne n'est « nul ». Disons-nous plutôt que nous avons donné le meilleur de nous-mêmes, mais que nous n'y sommes pas arrivés.

Du moins, pas cette fois-ci. Alors, au travail !

Il est si facile de verser dans des analyses malveillantes. Il est plus compliqué, en revanche, d'être à la recherche de faits plutôt que d'un coupable. Au lieu de perdre du temps à désigner un bouc émissaire, nous devrions nous concentrer sur ce qu'il faut faire. Il en est de même pour nous tous. Regardez dans quel état psychique sont les personnes en burn-out au travail. Trop souvent, elles intériorisent leur culpabilité. Trop souvent, elles sont persuadées que c'est leur faute si elles sont dans l'état où elles sont. Interdisons-nous le : « C'est normal, je le mérite. » Ne reproduisons pas le syndrome de Stockholm. « Mes bourreaux avaient raison, je n'étais pas à ma place. » Ces victimes restent convaincues qu'elles n'ont pas été à la hauteur. Si je suis en burn-out, c'est que je n'ai pas été bon. Il est rare d'entendre : « Peut-être qu'on n'a pas su m'aider ? Peut-être qu'on a mis trop de choses sur mes épaules ? Peut-être qu'il y a des choses à revoir dans le système en place ? » Les victimes se sentent très souvent responsables. Or c'est au système de s'interroger et de comprendre ce qui a poussé ces personnalités pourtant talentueuses en dépression.

Attention, il n'est pas non plus question d'adopter une posture victimaire ! Et de ne se sentir comptable de rien. Parce que, alors, on subit les choses. Le fait de ne « jamais être responsable » ou d'être « chroniquement victime » nous contraint à subir. Si nous nous considérons constamment comme victimes, alors nous ne serons jamais amenés à nous remettre en question, puisque ce sera toujours la faute des autres. Nous serons donc chroniquement des « victimes » dans notre vie. Alors que, si nous sommes aussi responsables, nous allons agir et pouvoir changer notre vie. Et enfin, nous serons sortis de ce non-sens qui nous pousse à être soit victime, soit bourreau ! Non ! Nous ne serons ni l'un ni l'autre !

Si nous acceptons ces discours victimaires, ils nous rendront passifs face à l'adversité de la vie. Parfois même, certains discours victimaires sont d'une extrême violence. « Je ne comprends pas, pourquoi tout le monde est méchant avec moi, alors que je n'ai rien fait pour mériter ça. » Si cette situation se répète trop souvent, alors nous devons chercher à comprendre ce que nous renvoyons, ce que nous dégageons, ce que nous donnons à voir et… comment nous interagissons. Chacun de nous a sa responsabilité. La posture de Caliméro est intenable. Il faut comprendre et donc prendre sa part de responsabilité, sans endosser toute la responsabilité d'une situation négative. Simplement comprendre sa part de responsabilité, pour pouvoir corriger ce qui ne fonctionne pas. Et surtout, et avant tout, pour nous-mêmes. Si nous comprenons mieux comment fonctionner avec les autres, si nous apprenons à interagir avec les autres, si nous apprenons à communiquer avec eux, eh bien nous nous donnerons plus de chances d'être heureux ! C'est à proprement parler ce que nous apprennent les dernières découvertes scientifiques. Le fait, entre autres, de mieux gérer notre environnement, d'interagir intelligemment, rend notre vie bien plus confortable. Plus on refuse sa responsabilité et plus l'on ferme de portes. Acceptons nos responsabilités, c'est génial !

Notre plus grand adversaire, c'est toujours nous-mêmes. Les combats les plus difficiles sont toujours contre nous-mêmes. Alors, ne nous perdons pas dans des combats inutiles. N'acceptons que les combats nobles. Les boxeurs Anthony Joshua et Wladimir Klitschko ne s'insultent pas. Ils se respectent. On dit de la boxe que c'est le noble art. Pourtant, le « combat » est souvent perçu comme destructeur et violent. Mais la boxe, comme tous les sports de combat, a des règles strictes. Ces combats-là, ceux qui sont circonscrits dans une enceinte sportive, ne sont pas des combats de voyous. Évidemment, il y aura toujours des gens violents qui arriveront à se faufiler. D'ailleurs, le rôle de l'entraîneur est de maîtriser ce genre d'individus en les éduquant, en leur apprenant à se maîtriser, à faire de cette colère intérieure un exercice technique contraignant. Si l'apprenti boxeur refuse cette rigueur, il sera exclu de l'enceinte sportive. Je pense qu'il y a plus de gens violents à l'extérieur qu'à l'intérieur des salles de boxe ou autre sport de combat !

Affronter l'autre, l'adversité, nous fait grandir. C'est dans ce sens-là qu'il faut entendre le mot « combat ». Un adversaire de qualité, c'est magnifique. Même si on se prend une raclée ! L'histoire d'une défaite doit se lire ainsi : « J'ai appris plein de choses dans ce combat, j'ai réussi à éviter les coups, j'ai respecté mon adversaire, je n'ai pas eu de haine contre lui, mais du respect, il a le droit de vouloir gagner… » C'est aussi de cette façon que l'on devrait livrer les combats d'idées. Nous ne sommes pas d'accord, mais confrontons nos idées sans haine ni insultes, respectons le point de vue de l'autre sans chercher à le massacrer. Et refusons de nous confronter à quelqu'un qui veut nous humilier, qui nous dit que nous sommes nuls, qui nous méprise. Partons. Tournons les talons. Ces combats-là n'en valent pas la peine. Car, si nous livrons ce genre de combats, avec des adversaires qui ne nous méritent pas, nous serons ensuite en colère et nous prenons le risque de nous laisser dépasser par nos émotions. Nous risquerions de leur ressembler. Au secours ! Nous ne voulons surtout pas leur ressembler.

Ne livrons combat qu'avec ceux qui nous font grandir, réfléchir. C'est le principe même de la compétition. L'adversaire qui est meilleur que nous nous fait grandir. Il nous fait comprendre nos limites. Il nous fait comprendre qu'il y a un autre registre, un autre domaine à exploiter que nous n'avons pas exploité. C'est pour ça que nous avons perdu. C'est en ce sens-là que la compétition est intéressante, et qu'il est intéressant de se mesurer aux autres. La question n'est pas d'être le meilleur, mais de donner le meilleur de soi-même et de chercher le meilleur en soi-même.

Ce que nous apprend le sport, c'est l'humilité. Ce qui est intéressant, c'est d'être capable de savoir vivre avec les autres, de savoir faire avec les autres. Dans le sport de haut niveau, on apprend à respecter les autres, et à les respecter même quand ils nous surpassent. Parfois, c'est très difficile. Certains athlètes me disent que la défaite s'est jouée à un détail, certains restent persuadés d'être meilleurs que leurs adversaires... même quand ils ont perdu. Je comprends leur douleur d'avoir dû s'incliner. Mais je ne peux pas leur laisser dire : « Je suis pourtant meilleur que lui ! » Alors, je les reprends : « Tu as perdu parce qu'il était plus fort que toi ! Même si c'est dur à admettre, je ne peux pas te laisser penser que tu as été meilleur, alors que tu as perdu. Si je le faisais, je te mènerais à ta perte. »

Le fameux « détail » du sportif de haut niveau. Ce « détail » qui aurait manqué. Mais dans le domaine de l'excellence… il ne s'agit que de détails, de finesse, bref d'intelligence ! À ce niveau, ils peuvent tous gagner. La question n'est pas là. Le défi, c'est d'arriver à aligner brillamment l'ensemble des paramètres qui concourent à l'excellence. Cet état de grâce où notre cerveau est au maximum de ses possibilités. Où notre cerveau est libéré de toutes les contraintes liées à l'obsession de la performance et du résultat. Cet état où notre cerveau est si libre qu'il va même aller chercher des réponses et des solutions que nous ignorions posséder.

Ce geste si précis, si parfait, que nous allons exécuter dans un état « hors rationnel ». Il ne s'agit pas là uniquement de l'intelligence intellectuelle, trop lente pour ce genre d'exercices. Mais plutôt de cette fameuse intuition, ce célèbre instinct qui opère régulièrement dans notre monde sportif. Il s'agit encore là de cette intelligence émotionnelle qui régit extrêmement rapidement les opérations les plus complexes. Elle est capable de collecter toutes nos ressources d'expérience, d'entraînement, et de les exploiter au moment précis où l'on en a besoin. Pour que cela soit possible, il faut mettre notre cerveau dans les meilleures conditions afin qu'il puisse accéder à tous ces trésors : l'instinct, l'intuition. Donc ce fameux « détail » qui aurait manqué… n'est pas rien, il est énorme ! Nous sommes dans le monde du détail et de la précision. Dire à un sportif de haut niveau, ou lui laisser croire, qu'il ne s'agit que d'un détail, c'est l'induire en erreur. « Cela s'est joué à un détail » laisse supposer que ce n'est pas grand-chose, alors que c'est l'essentiel à ce niveau. Laisser passer ce type de phrases n'engagera pas le sportif sur la bonne voie et lui laissera croire que ce n'est pas si important. On en fera peut-être même un prétentieux. Ou alors il se croira idiot : « À chaque fois, je perds pour un détail. – Non. C'est l'extrême exigence de qualité et d'intelligence de l'excellence qui t'a fait perdre. Nous devons aller chercher tous ces détails et les analyser au microscope. C'est de cette façon que tu gagneras ! Et non pas en me disant : “Je suis meilleur que lui, ce n'est pas normal que je perde.” Ce n'est respectueux ni envers ton adversaire ni envers toi. »

Je vais certainement choquer certains judokas en prenant cet exemple. Mais tant pis. Au judo, « on ne peut pas tomber ». Ce sont les judokas qui me l'ont appris. Or, moi, j'insiste pour qu'ils apprennent à tomber. « Tombe, on est là pour apprendre, on est là pour progresser, tu n'as pas à montrer que tu es le plus fort, même à l'entraînement. » Ce que je leur demande va à l'encontre de ce qu'on leur a appris. On leur a appris à ne pas avoir de failles. À n'être jamais à terre. Tomber serait une défaillance. La marque des « faibles ». On doit, même à l'entraînement, et encore plus lorsque l'on a un statut à défendre, montrer à chaque instant que l'on est le meilleur. Cette posture permanente les met souvent en tension et donc crée les conditions favorisant la blessure. C'est absurde. Nous sommes là pour apprendre, pour tenter, pour tester, pour nous amuser, prendre du plaisir, pour être meilleur et non pour montrer constamment que l'on est le meilleur. Nous n'allons pas être en concurrence constante, même à l'entraînement. Il faut savoir éviter cette pression constante. Chaque chose en son temps. Le temps de l'entraînement et le temps de la compétition sont deux temps différents. Ne les confondons pas au risque de nous perdre. Nos cerveaux ont besoin de cette clarté. La confusion, elle, amène un grand désordre cérébral !

Alors oui, on se bat quand le combat en vaut la peine. Oui, on respecte son adversaire parce que ce respect nous fait grandir et progresser. Eh oui, on s'éloigne et on éloigne les personnes toxiques. Nous ne livrons pas de combats inutiles, et nous faisons face.

Je trace mon chemin. Alors retroussons-nous les manches, et avançons, ensemble !

Réussir, ensemble

Je me souviens de Sandie Clair, cycliste sur piste, médaillée mondiale et européenne, qui venait d'arriver dans le groupe. Je suis à un entraînement et elle vient me voir. Elle me demande fermement : « Vous êtes Meriem Salmi. » Je suivais pratiquement toute l'équipe de France à ce moment-là. Il s'agissait d'un sport individuel. J'acquiesce et elle me dit : « Eh bien moi, je ne viendrai pas vous voir. » Elle était hostile, presque en colère. Je l'ai trouvée conquérante. J'ai aimé ce courage et cette arrogance. Elle m'a plu immédiatement. Aussi lui ai-je demandé pourquoi. « Parce que je ne comprends pas que vous puissiez suivre tout le monde, alors que nous sommes en concurrence. – Tu considères donc que les autres sont tes ennemies ? lui ai-je demandé. – Je n'ai pas confiance », m'a-t-elle asséné. En fait, elle craignait que je puisse renseigner les autres sur ses failles et ses secrets. « Je comprends et respecte ton point de vue, lui ai-je dit, d'autant que, moi non plus, je ne pourrais pas travailler avec toi en sachant que tu ne me fais pas confiance. Je vais te proposer de venir avec moi et te présenter mes collègues, avec lesquels tu pourras travailler en toute confiance. » Elle a tout de même insisté pour que je lui explique comment je faisais pour pouvoir accompagner toute cette équipe, alors que chacun de ses membres était un concurrent potentiel pour l'autre. Elle voulait comprendre, alors je lui ai expliqué. La concurrence est une chance. Celle de nous amener à être meilleur. Lorsque l'autre est meilleur, il n'est pas un ennemi, il est celui qui nous permet de nous motiver, il est un exemple. Le travail que nous faisons conduit chacun de nous à donner le meilleur de soi-même et à être le meilleur. L'accompagnement psychologique a pour objectif de nous permettre de réaliser nos rêves et non pas de détruire ceux des autres. Il n'y a donc aucune incompatibilité. Par ailleurs, je suis tenue au secret professionnel. Mais même si ce secret n'existait pas, la confiance que je reçois est si grande qu'en aucun cas je ne voudrais la trahir. Elle m'a alors répondu : « Je veux bien essayer. » À mon tour de lui répondre : « Non, essayer, ce n'est pas possible, je ne suis pas un magasin de vêtements. Nous allons le faire. » Et nous avons commencé à travailler ensemble jusqu'à aujourd'hui. Et peu à peu nous avons évolué sur cette question de rivalité. Et, progressivement, une jeune athlète de son équipe qu'elle identifiait comme son ennemie… est devenue son amie. Et ensemble, elles se sont entraînées, félicitées, réconfortées… Parce qu'on ne réussit jamais contre quelqu'un et qu'on ne réussit jamais seul. Parce qu'on est rarement heureux seul.

Il est en effet si difficile de s'épanouir seul. Sur ce chemin, au fur et à mesure, on rencontre des difficultés, on rencontre des « rivaux ». On rencontre des personnes, tout simplement. Certaines vont nous tendre la main. Certaines vont nous permettre de progresser, d'avancer. Et surtout, de nous intéresser aux autres. Une des plus grandes richesses peut aussi être l'intérêt que l'on porte aux autres. Aller vers les autres, être généreux du temps qu'on leur accorde. Même nos ennemis peuvent parfois se révéler de belles personnes. Le fait de s'ouvrir aux autres est vital.

Car ces champions savent pertinemment qu'ils ont besoin de cette concurrence. Il est très difficile de progresser sans meilleur que soi. Les très grands champions ont une obligation de respect pour celui qui est devant. Bien sûr qu'ils sont déçus de ne pas gagner ! C'est humain. Mais ces grands athlètes sont plus en colère contre eux-mêmes que contre leurs rivaux. Ils sont en colère contre eux-mêmes de ne pas avoir réussi à se dépasser suffisamment pour être le premier. C'est ce que je trouve aussi majestueux : que l'on soit deuxième ou dernier, on a de l'admiration pour celui qui nous a battu. Même si je ne peux pas dire que j'aime particulièrement perdre ! Cette vision du monde m'apaise et m'enrichit. Ces champions savent que celui qui est devant eux est celui qui les fait progresser. Qui les rend meilleurs. Et ce malgré les défaites. Évidemment, il existe aussi des personnes sans ces valeurs : des tricheurs, des escrocs, dans ce monde-là comme dans les autres. Veillons à ce qu'ils ne soient que de tristes exceptions. Évidemment que les athlètes sont constamment à la recherche de cette merveilleuse médaille d'or ou de cette merveilleuse coupe. Mon travail est aussi de les accompagner à réaliser leurs rêves de trésors… mais pas seulement.

Nous devons valoriser les personnes qui se battent pour se dépasser, à l'image de ces sportifs… Ce n'est pas un échec de se battre pour se dépasser, même si dans un premier temps nous n'y arrivons pas et que c'est une défaite. On n'aspire pas uniquement à « gagner », mais à se battre pour se dépasser. Et c'est ça qui est extraordinaire.

Comment peut-on juger ? Comment peut-on traiter de « nulles » des personnes qui se sont acharnées, même si la victoire n'est pas encore au rendez-vous ? Comment peut-on juger ridicule un sportif ou une personne qui fait du mieux qu'elle peut ? Quand Usain Bolt, lors de sa dernière compétition, s'effondre littéralement, qui peut se permettre de dire ou de penser qu'il est ridicule ? Il s'est battu, il n'en pouvait plus, il l'a dit, il a fait sa dernière compétition et il a été au bout de lui-même, il a donné ce qu'il pouvait donner ce jour-là, et il n'a pas gagné. Ça reste malgré tout un très grand champion. Si on n'a pas gagné, alors on serait nul ? Surtout pas ! Je me souviens d'un champion olympique qui m'avait attaquée à ce propos, il trouvait absurde cette vision du monde que je défendais. On revenait des Jeux olympiques, et j'expliquais entre autres que, pour moi, tous les sportifs de ces compétitions, qu'ils aient ou non gagné, étaient des champions. Ces femmes et ces hommes se sont battus, ils ont fait preuve de courage, de ténacité, de pugnacité. Mais ce jour-là quelqu'un a été meilleur qu'eux. Et ce n'est pas parce que quelqu'un était meilleur à ce moment précis que tout ce qu'ils ont appris, construit, était à mettre à la poubelle. Un athlète n'est pas une médaille. C'est un être humain. Au moins, il ne représente pas une médaille, il représente avant tout un être humain. Un être humain doté de capacités hors normes. Ce sont des gens qui se battent, qui se font mal à l'entraînement tous les jours, qui font preuve de beaucoup de courage. Certaines personnes vont trouver ça puéril, ou déplacé, parce que l'élite des footballeurs, ou des golfeurs, gagne des sommes considérables. C'est vrai, mais cela ne leur enlève en aucun cas leurs qualités et ne diminue la souffrance qu'ils ont pu endurer. Je pense à Tiger Woods et ses années de souffrance terrible. Il est revenu aujourd'hui au plus haut niveau. J'ai travaillé dans un certain nombre de quartiers en difficulté de Seine-Saint-Denis et mon cabinet est aujourd'hui dans le 8e arrondissement de Paris. La souffrance a la même odeur. Et les champions, je les ai aussi rencontrés dans ces quartiers de Seine-Saint-Denis. Des champions du courage, d'intelligence. Des personnes qui se sont battues corps et âme pour leurs enfants, leurs familles et pour eux-mêmes. Être un champion, c'est beaucoup plus qu'une médaille et ce n'est pas réservé au monde sportif.

Ce qui est fondamental, c'est de s'intéresser non pas à l'objet de ce qu'ils font, mais à ce que ça développe, à ce que ça leur procure et à ce que ça procure aux autres. Ces fameuses émotions. Une des raisons de notre fascination pour le sport, ce sont les performances extraordinaires et uniques que ces athlètes sont capables d'accomplir. Combien de personnes sur la planète sont capables de faire ce qu'ils font ? Très peu, en fait. Prenez les Jeux olympiques, ils sont un par catégorie dans les sports de combat. Un seul par nation. Ce sont les meilleurs de leur nation, mais aussi les meilleurs de la planète. Ces personnes ont réussi à faire preuve d'une telle intelligence. La performance est complexe, mais elle est aussi précieuse, donc fragile. Elle s'autorise des réponses complexes et multifactorielles.

Et toutes les batailles que chacun de nous mène au quotidien relèvent de la même alchimie fragile. De ce même alignement où se conjuguent tous ces paramètres qui se font… ou pas.

Notre vie est précieuse et fragile, prenons-en soin.

Le sport pour l'intelligence

On me demande souvent d'où vient ma passion pour les sportifs. Elle vient tout simplement de ma passion pour le sport. Je n'ai jamais pratiqué de sport de haut niveau, mais j'ai toujours fait du sport. J'ai touché un peu à tout et je me débrouillais plutôt pas mal, mais disons que je me suis intéressée particulièrement à la gym, au basket et aujourd'hui au karaté. Mon père était boxeur dans ses loisirs. J'ai eu la chance d'être dans la première école primaire pilote sports-études. Dans cette école, tous les après-midi, nous faisions du sport ou de la danse classique. On y apprenait aussi l'anglais… Il se trouve que je me débrouillais bien en sport, j'avais souvent le premier prix, parce que j'aimais ça. Donc, j'ai évolué dans ce milieu-là. Et cet apprentissage très précoce du sport m'a permis de comprendre combien il était important dans le développement de l'intelligence. C'est ce que je défends et c'est d'ailleurs une réalité scientifique. Quand vous vous entraînez par exemple en gymnastique, quand, des jours durant, vous répétez les mêmes enchaînements, des millions de fois s'il le faut – il faut poser l'index ici, le pied là –, ça paraît simple comme ça, vu d'une chaise, mais ça ne l'est pas ! Croyez-moi ! Cette élaboration, cette réflexion, ce repérage, ne serait-ce que dans l'espace… À quel moment on prend son appui ? Toutes ces précisions impactent la construction de notre cerveau. Je suis convaincue que cela m'a aidée dans ma scolarité. Et vice versa. C'est l'un et l'autre. Le corps et l'esprit. L'esprit au service du corps, et le corps au service de l'esprit. La rigueur, la répétition, le développement de compétences… Et si, aujourd'hui, je continue à faire du sport, c'est parce que ça me permet de me sentir bien. De me vider la tête. Je sors d'un entraînement et je me sens bien. Bien entendu, il y a le phénomène des endorphines. Mais ce n'est pas uniquement cela. Je me tiens bien. Je me sens *dans* mon corps. J'habite mon corps. Il ne m'est pas étranger. Je ne peux pas m'arrêter de faire du sport, car c'est quand je ne peux pas en faire que je suis mal. On me dit souvent : « Tu es courageuse, tu fais du sport. » Ce n'est pas du courage, c'est un besoin. Lorsque j'étais enceinte – ma première grossesse a eu lieu il y a de cela trente-cinq ans –, il y a eu un moment où nager pouvait être la seule activité praticable pour moi ! Il n'existait pas à l'époque de maillot de grossesse. Alors qu'aujourd'hui l'activité physique est recommandée pour les femmes enceintes, à l'époque ce n'était absolument pas le cas. C'était plutôt l'inverse ! J'avais donc bricolé mon propre maillot, je me souviens de ces regards outrés ! Pour les éviter, j'essayais de rentrer le plus discrètement possible dans l'eau, j'y étais tellement bien. J'ai eu ces mêmes regards lorsque j'ai emmené mes bébés à la piscine pour qu'ils puissent aussi ressentir ce plaisir de l'eau, ce plaisir du corps dans l'eau. Heureusement, aujourd'hui, c'est l'inverse et on préconise toutes ces activités. Et il existe des maillots de grossesse beaucoup plus beaux que le mien ! Alors, oui, je me lève plus tôt pour m'étirer, je ne peux pas faire autrement. Le sport, c'est à l'intérieur que ça se passe. Dans votre tête. Le sport permet de se reconnecter. Quand je vais m'entraîner, j'acquiers des compétences, je mets en marche mon cerveau autrement, je peux profiter pleinement du moment présent et je me maintiens en bonne santé.

Le sport est au service du développement de l'intelligence, je le défends depuis longtemps. Les sportifs sont des personnes assoiffées de savoir. Il n'y a pas que l'intelligence intellectuelle, même si elle est évidemment présente chez les sportifs. Intelligence émotionnelle, intelligence psychomotrice et sûrement d'autres encore que nous ne connaissons pas encore aujourd'hui. L'intelligence n'est pas le cumul de connaissances intellectuelles. C'est la capacité d'adaptation à l'environnement. Les sportifs de haut niveau sont des surdoués, même si je n'aime pas ce terme. Ils utilisent et développent des capacités cognitives de façon impressionnante. Ils comprennent vite et exécutent vite. Leurs prouesses techniques peuvent se comparer à une création artistique. Les plus grands se distinguent par cette marque de création unique.

Entraînement, expérience, répétition font des cerveaux très particuliers. Ils sont capables d'analyser et de résoudre des opérations fines et d'une grande complexité en un temps extrêmement court. Les prouesses cérébrales des pilotes de Formule 1 sont ainsi absolument fabuleuses.

Mon travail consiste entre autres choses à expliquer aux sportifs le fonctionnement de leur cerveau.

Il me faut leur apprendre que plus ils s'entraînent, plus ils apprennent, plus ils vont automatiser des gestes et des comportements. Ils développent des capacités et compétences cognitives. Ces sportifs ont une aptitude à supporter la douleur physique et psychologique hors normes. Ils doivent donc le savoir afin d'organiser l'effort. Le piège, lorsque l'on a le goût de l'effort et de la perfection, c'est de ne pas savoir s'arrêter. L'effort est intrinsèquement lié à la performance. La douleur est souvent associée à l'entraînement. Ressentir dans son corps les marques de l'entraînement est associé dans leur cerveau à la sensation du travail bien fait. Ce n'est donc pas du masochisme, comme certains le disent, mais une association entre travail, douleur et performance. Et l'objectif est la performance : « Si j'ai mal, c'est normal, puisque, pour me dépasser, je dois dépasser mes limites physiques et psychiques. » Autrement dit : « Si je ne ressens pas ces sensations, c'est que je n'ai pas suffisamment travaillé, je suis donc en danger. » Le vrai danger est justement là. À moi de les guider.

À vrai dire, ils vont être de plus en plus doués pour gérer leur douleur. Ils sont capables de déplacer leur attention de la douleur aux gestes qu'ils doivent exécuter. Ce qui est plus compliqué à gérer pour eux, c'est la dimension psychologique, notamment le fait que cette douleur puisse entraver leur progression, remettre en question une prochaine compétition. Ce sont les effets et conséquences de la douleur qui les préoccupent, plutôt que la douleur physique. La souffrance à ce niveau sera plus souvent psychologique que physique.

C'est important qu'ils prennent conscience de leur fonctionnement pour pouvoir agir dessus. Cette connaissance va leur permettre de prendre de la distance et de ne pas se laisser emporter par l'obsession du résultat. Nous devons trouver l'équilibre pour que la recherche de la performance ne se transforme pas en cauchemar. Blessures, surentraînement, arrêt de carrière, troubles anxieux et épisode dépressif menacent ce sportif s'il ne sait pas gérer les messages que lui envoient son cerveau et son corps. L'équilibre est une des questions fondamentales de notre travail. Apprendre à se dépasser sans se mettre en danger. Exercice délicat et complexe !

Lorsque l'on débute, on s'entraîne beaucoup. Cette « quantité » est extrêmement importante pour pouvoir progresser, enchaîner les compétitions. Mais, au fur et à mesure, la « qualité » de l'entraînement, l'« intelligence » de l'entraînement deviennent primordiales. Le geste technique devient de plus en plus précis. Nous sommes tout près de la perfection. Lorsque nous sollicitons notre corps et notre cerveau à ce niveau d'expertise, nous engageons, activons, libérons toutes les données cumulées. Les athlètes sont riches de différents mécanismes et processus qui vont leur permettre de percevoir, d'anticiper et de mettre en place les stratégies adaptées. C'est un exercice dont ils ne prennent pas conscience et qui est extrêmement coûteux. Cette posture mentale engage le sportif à utiliser toutes ses ressources cognitives et physiques au service de l'excellence. À ce niveau, c'est un travail d'expertise. L'entraînement, les stages et les compétitions doivent être systématiquement adaptés en fonction de chaque sportif. Ici la « quantité » n'a plus sa place et laissera sa place à la « qualité » et à l'« expertise ». Je veille particulièrement à cette question. Il nous faut donc dissocier systématiquement « qualité » et « quantité » en fonction du niveau d'expertise de l'athlète. C'est une situation extrêmement angoissante pour le sportif, qui a trop longtemps associé « quantité » et « excellence ». Autrement dit, on ne s'entraîne pas de la même manière tout au long de sa carrière. Tout est une histoire de sur-mesure, d'adaptation… Encore une fois, il n'est question que d'intelligence !

Notre travail consiste aussi à repérer les zones qui mettent en difficulté. Ces endroits où l'on se sent incompétent. S'exercer à les repérer. Et apprendre à devenir compétent. Un sportif de haut niveau se doit de développer le maximum de réponses techniques, il en est de même sur le plan psychologique. Il se doit de développer le maximum de réponses psychologiques. Si l'on se limite à ce que l'on sait faire, on va rapidement être limité. Si l'on rencontre ces zones d'inconfort dans des situations sportives, on a de fortes probabilités de ne pas trouver de solutions.

Nous ne pouvons donc pas nous le permettre. Humainement, on a tendance à développer ce que l'on sait faire, et c'est bien normal ! Il nous faut apprendre à lâcher prise sur ce que nous savons pour pouvoir apprendre ce que nous ne savons pas. Dans ce monde de la maîtrise extrême, il s'agit d'un exercice psychologique ardu.

Notre travail, c'est d'apprendre, ensemble, ce que nous ne savons pas encore faire. La réponse est évidemment technique, mais elle est dans le même temps psychologique. L'inconfort, la sensation d'être nul que provoque cette mise en situation, peuvent faire reculer certains, voire provoquer des blocages chez d'autres. Il est bien normal d'adopter ce comportement lorsque l'on ne sait pas. Il est compliqué de se lancer, on ne sait souvent même pas par où commencer. Nous allons apprendre à savoir faire en développant nos réseaux neuronaux. Je me souviens d'une expression que j'utilisais souvent pour moi-même. Lorsque je ne comprenais pas ou que je n'arrivais pas à faire quelque chose, je disais toujours : « J'ai une partie du cerveau qui n'est pas développée. »

Je le ressentais de cette façon. Je n'étais pas si loin de la réalité scientifique ! Les derniers travaux montrent que ce sont des parties de notre cerveau qui ne se parlent pas encore très bien. Ce travail que nous menons engendre effectivement des changements au niveau de notre circuiterie neuronale. On comprend mieux aujourd'hui pourquoi c'est si difficile ! Il ne suffit donc pas seulement de la volonté, il faut savoir. Tout cet entraînement mental permet ainsi la diversité des réponses et des ressources cognitives.

Nous allons aussi travailler exactement de la même façon pour toutes ces zones où nous sommes bien et à l'aise. Nous ne faisons pas de focus uniquement sur ce qui ne va pas. Nous analysons aussi consciencieusement nos compétences acquises. Se concentrer, comme c'est souvent l'habitude, uniquement sur ce qui ne fonctionne pas crée un déséquilibre interne préjudiciable. Nous avons donc l'obligation de nous tenir en équilibre. De cette façon, nous connaîtrons de manière précise ce que nous savons et pas uniquement ce que nous ne savons pas.

Je n'ai pas de méthode préétablie. Lorsque je reçois une personne, je suis, moi aussi, dans l'obligation permanente et chronique de m'adapter. Chaque séance, nous allons la créer. Je ne peux pas construire ma séance en l'anticipant. Je dois m'adapter à ce qui s'est passé dans la vie de cette personne entre ce rendez-vous et celui qui lui a précédé. Je dois construire avec ce qui se présente dans le moment présent. Je ne sais pas ce qui va se passer. Il m'arrive même régulièrement d'avoir à traiter certaines questions dont je sais qu'elles risquent de déstabiliser cette personne. Parfois ce n'est pas le bon moment pour risquer d'être déstabilisé. Mais nous n'avons pas le choix.

Avant les Jeux olympiques, une Coupe du monde ou d'autres échéances sportives à fort enjeu, une des choses que je redoute le plus, ce sont les problèmes de couple. Il est assez fréquent que des moments de tension se produisent dans ces périodes de vulnérabilité chez les sportifs de haut niveau. Ces périodes sont des moments de doute, de questionnement très intense, ce qui évidemment rejaillit dans la relation de couple. C'est l'un des facteurs de déstabilisation les plus puissants. Il est assez fréquent que nous ayons à traiter de ces questions d'ordre privé beaucoup plus que des questions d'ordre sportif.

Il n'existe pas de méthode toute faite. Chaque personne est différente et nous allons construire ensemble notre propre méthode. Certains ont pu penser que j'improvisais. Je comprends. Ce n'est pas toujours facile de comprendre, même pour moi ! Je ne sais jamais où ces rendez-vous peuvent me conduire. Nous avons tellement été habitués à préparer, anticiper, organiser et non accueillir ce qui vient dans le moment présent, puis à structurer, organiser et anticiper dans un deuxième temps. C'est pourtant cet exercice parfois très inconfortable qui me donne l'impression d'être dans le bon sens, d'être à l'endroit, même si ce sens peut être parfois plus périlleux. C'est cette méthode aussi que j'utilise. J'accueille ce qui est là ce jour-là, et je construis avec ce dont je dispose dans ma boîte à trésors : mes connaissances théoriques, mes formations, mes connaissances de terrain, mon expérience, mes limites, mes non-savoirs, mes « continents » d'ignorance… Et aussi ce que je suis. Je mets tout cela à notre disposition pour que l'on puisse donner le meilleur de nous-mêmes.

Eh bien, pourquoi ne nous accorderions-nous pas le même soin à nous-mêmes ?

S'il existait une méthode ! Restons dans le monde réel encore une fois ! On y est si bien. Osons créer !

Nous allons pratiquer de la même façon pour trouver les réponses aux questions de notre vie. Nous allons développer notre cerveau ! Nous allons être encore plus intelligents !

Un jour, un journaliste m'interpelle sur un mode moqueur : « Ah oui, c'est votre grand truc, ça, le sport au service du développement de l'intelligence ! » Eh oui ! C'est mon grand truc ! Mais, plus que cela, c'est une réalité. J'en ai assez de ces discours méprisants sur les sportifs. Je ne dis pas non plus qu'ils sont parfaits. Ce n'est évidemment pas le cas. Comme dans le monde « classique », il y a de tout. Mais ce n'est pas de ça que je parle. Ce que je ne supporte pas, c'est ce sous-entendu méprisant : les sportifs n'auraient pas de cerveau ! Parce qu'ils ont des muscles ? Stop ! Comment ça, ils n'ont pas de cerveau ? Comment font-ils alors pour faire ce qu'ils font ? C'est juste de la brutalité ? C'est juste de la force ? C'est juste une question physique ? Quand on répète les exercices des milliers de fois. Qu'on va à l'entraînement deux, voire trois fois par jour. Qu'on passe jusqu'à quarante heures par semaine à s'entraîner, parfois en plus de son travail, parce que rares sont les sportifs de haut niveau qui vivent de leur passion ? Eh bien, je pense très fort que, pour réussir tout cela, il faut beaucoup plus qu'un corps ! Il faut de la ténacité, du courage. Toutes ces compétences émotionnelles. Ce savoir-faire avec soi-même, avec les autres, avec un entraîneur, un staff médical... Savoir gérer la concurrence. Savoir gérer les blessures physiques et psychologiques. Je suis stupéfaite de constater à quel point ce monde force à l'intelligence. Imaginez, des journées entières, des semaines entières passées avec vos principaux concurrents, avec lesquels vous vous entraînez, vous mangez, vous dormez, vous vous réveillez ? Imaginez la rivalité, la jalousie ? Il faut apprendre à vivre avec les autres. Peut-être à titre d'exercice serait-il intéressant de se poser la question suivante : serais-je capable de vivre vingt-quatre heures sur vingt quatre avec les mêmes personnes ? Serais-je capable de supporter la concurrence à ce niveau ? Serais-je capable de supporter la défaite et de revenir encore et encore ? Voici une partie des coulisses du sport de haut niveau. Alors, et alors seulement, nous pourrions comprendre que derrière les paillettes, l'argent et les flashs, il y a toute la rudesse de ce quotidien. Même si je trouve ce monde sportif fabuleux, je sais aussi qu'il peut être cruel. Ces milliers d'histoires que j'ai entendues dans les coulisses, dans le secret de mon bureau, ce sont celles que je vous rapporte aujourd'hui. Parfois, je suis avec eux, dans la joie et le bonheur, mais souvent, aussi, je suis derrière, là où les lumières ne brillent plus, là où il ne reste plus grand monde, là où règne le désespoir.

Le champion du monde de rugby Jonny Wilkinson nous confie ces derniers jours de mars 2018 : « J'ai eu des problèmes de santé mentale toute ma vie. Avec l'Angleterre, j'ai souvent été à deux doigts de dire à un coach que je ne pouvais pas jouer. J'imaginais même des excuses pour me justifier. C'était à cause de l'état dans lequel je me mettais. De la pure panique. Le chaos total. J'étais dans ma chambre d'hôtel, devant la télé, mais ce n'était qu'un carré lumineux pour moi. J'étais ailleurs. J'étais anxieux, car j'avais besoin de savoir que le match allait se passer comme je le voulais. 95 % de ma personne essayait de vivre dans le futur. »

Autorisons-nous à faire un rêve et rêvons en grand ! Car ce que les sportifs doivent faire pour atteindre les sommets de l'excellence ne leur est pas réservé ! Tout le monde y a droit. Autorisons-nous à penser que, si ces champions mettent tout en œuvre pour réaliser leurs rêves, eh bien nous aussi, nous le pouvons ! J'ai entendu de nombreux témoignages touchants de personnes qui ont consulté et progressé en ayant entendu que certains sportifs avaient eux aussi besoin d'être accompagnés pour atteindre leur objectif.

Comme dans le monde « classique », il y a dans le monde sportif « les coups durs », les périodes de haute vulnérabilité. C'est le cas notamment quand les athlètes ont une blessure, surtout lorsqu'elle dure. C'est le cas aussi, bien sûr, quand ils arrêtent leur carrière.

Lorsqu'un sportif est blessé, c'est toujours un drame. Cela représente l'arrêt, le banc de touche… S'il s'agit d'une blessure grave, il passe par différentes étapes que je vais vous décrire. D'abord, il est en état de choc, voire de traumatisme. Certains peuvent même être dans un état de sidération. Ils sont comme figés par l'événement et privés de réaction comportementale et émotionnelle. Ils peuvent aussi présenter un état d'agitation ou de panique, c'est-à-dire un état d'angoisse majeure. Plus rarement, certains mettent en place un étrange état d'hyperadaptation avec un comportement automatique. Une impression de déréalisation, de dépersonnalisation. On est alors dans un état dissociatif.

La première blessure importante met fin au mythe d'invulnérabilité cher au sport de haut niveau. Le champion fait alors face à la réalité. Certains d'entre eux le vivront même comme un risque de mort imaginaire ou symbolique. Ils entrent ensuite dans une forme de déni. C'est un mécanisme de défense psychique puissant qui mène à éviter, sinon à nier, une réalité pour se préserver de l'angoisse. Mais de quelle angoisse s'agit-il ?

Le corps d'un sportif a une dimension particulière : c'est à la fois un outil de performance et de reconnaissance. Lorsque le corps est touché, c'est l'identité même du sportif qui est atteinte. Il s'agit donc d'une véritable atteinte identitaire. Le sportif va en mesurer très rapidement les effets et les conséquences. Si un sportif se blesse gravement, par exemple avant les Jeux olympiques ou une Coupe du monde, cela n'aura pas le même impact que dans une période plus calme. Je me souviens d'une sportive de haut niveau « qui se fait les croisés » (rupture des ligaments croisés du genou) deux semaines avant son départ aux Jeux olympiques. Ce qui signifie qu'elle n'ira pas aux JO après s'être battue pour se qualifier et gagner sa place. Mais aussi après une préparation intensive durant toute l'année olympique. Les JO ne se présentent que tous les quatre ans, pour certains, cela peut vouloir dire qu'ils n'y participeront plus jamais. Par ailleurs, entre l'intervention chirurgicale et la rééducation, il lui faudra six mois minimum avant de pouvoir reprendre progressivement l'entraînement. Elle n'en parle pas pendant les rendez-vous. Elle se comporte comme si rien ne s'était passé. Elle a le sourire. Me dit qu'elle va bien. Ce comportement est propre à ce mécanisme de défense. La douleur psychique est trop insupportable. Elle mettra plusieurs semaines avant de pouvoir en parler et que l'on puisse mettre en mots toutes les émotions qui la traversent. Elle ne pourra pas regarder les JO à la télévision.

Souvent s'ensuit une période de colère contre les autres et contre soi-même. La blessure sera toujours vécue comme une injustice, le « pas de chance ». Et puis aussi beaucoup considèrent que c'est leur faute, qu'ils sont trop fragiles, ou qu'ils n'ont pas fait ce qu'il fallait... Certains entrent alors dans une phase de dépréciation et de culpabilité.

Enfin, l'acceptation va s'installer progressivement. Mais, en fonction de la blessure, nous serons passés par différentes phases, différentes réactions physiques, physiologiques et psychologiques.

Souvent nous verrons associé aux blessures dans ces phases d'acceptation un état dépressif. Cette réaction est humaine et salvatrice de surcroît, car le passage dépressif est une phase d'acceptation. Ne pas passer par cette phase serait très inquiétant.

Pour compléter ce tableau, les grands sportifs connaissent un état de « manque » lié au sevrage physique. Il se traduit par une agitation, des troubles du sommeil, une irritabilité, une tristesse, des troubles anxieux...

Aussi est-il nécessaire de mettre en place des stratégies de soins et de prévention. L'accompagnement est fondamental. Le sportif a besoin d'explications précises sur sa blessure, sur le protocole de soins, sur son retour, pour pouvoir se projeter. Il a aussi besoin de contacts fréquents, de réassurance, de confiance, de se projeter dans le retour, avec des objectifs, des prévisions... Il est très important de préserver le mieux possible le lien avec le groupe, l'encadrement, et de ne pas le laisser s'enfermer tout en respectant son mal-être.

Mais il est aussi crucial pour nous de faire le point. C'est un moment propice pour apprendre. Nous allons donc prendre le temps d'évaluer ensemble le contexte de la blessure. Et nous apercevoir qu'il existe très souvent – pour ne pas dire toujours – des signes avant-coureurs. Citons-en quelques-uns. Le sportif est fatigué sans qu'il le sache lui-même, il enchaîne les contre-performances, les plaintes somatiques, les variations d'humeur, les douleurs, les compétitions, les régimes, les troubles de l'adaptation…

Par ailleurs, nous allons aussi comprendre quelles ont été les conditions d'émergence de la blessure : dans la majorité des cas, on retrouve une fatigue importante liée à des paramètres privés ou sportifs. Par ailleurs, l'une des spécificités des sportifs de haut niveau, c'est leurs capacités hors normes, qui rendent difficile l'évaluation de leurs limites pour toutes les raisons que nous connaissons déjà. Pour beaucoup, quand je leur pose la question de la fatigue, il est très rare qu'ils me répondent : « Oui, je suis fatigué. » Il me faut leur apprendre que plus on est exigeant avec son corps et sa tête, plus on doit prendre soin de soi. Pour eux, il s'agit d'un paradoxe, c'est incompatible avec la recherche de l'excellence ! Là est mon travail. À moi de les convaincre de leur réalité humaine ! Même « hors normes », ils restent des humains ! De les convaincre que plus on va chercher loin au-delà de nos limites, plus on doit apprendre à les connaître. Il est fondamental d'apprendre à bien se connaître pour éviter de s'abîmer. On ne naît pas athlète de haut niveau, on le devient par une série de transformations physiques et psychologiques. Ils doivent apprendre – et ce n'est pas si simple ! Nous allons transmettre cette éducation à l'excellence. Ce désir puissant qui les pousse à se dépasser est une source de plaisir incommensurable. Ils n'ont d'ailleurs de plaisir que lorsqu'ils sont dans cette zone hors limite. Émotion encore une fois. Mais ils doivent apprendre à connaître leurs limites. Beaucoup sont angoissés de savoir qu'ils vont devoir les repérer. Au départ, ils vivent notre travail comme un frein. À moi de les convaincre qu'il s'agit d'une exigence incontournable de leur apprentissage. Celui qui ne sait pas ses limites aura de fortes probabilités de se briser en mille et un morceaux. À moi de les convaincre qu'être fort, c'est connaître ses limites. Ne pas se croire invulnérable. À moi de les convaincre que la fragilité est précisément d'avoir peur de cerner ses limites ! Car oui, l'attitude qui consiste à être dans le déni de ses limites est une fragilité. Mettons-nous à l'endroit, encore une fois.

Ce qui nous maintiendra dans le stress et l'angoisse n'est donc pas d'avoir des limites, mais de ne pas les connaître et de ne pas les accepter.

Nous sommes donc toujours à la recherche de ce maintien complexe de l'équilibre dans le sport de haut niveau.

Les décompensations sont souvent liées au rythme de vie, à la séparation, à la sélection, à l'excès et aux limites physiques et psychologiques… C'est ce contexte qui crée le déséquilibre et les conditions de l'émergence de la pathologie.

C'est à partir de toutes ces données, de toutes ces connaissances et de cet apprentissage que nous saurons comment ne pas reproduire cette situation. Nous pourrons alors envisager notre retour avec douceur et exigence.

Eh bien, pour chaque blessure de notre vie, nous allons faire la même chose, nous aussi !

Leur fin de carrière est, elle aussi, un moment de crise. Il n'y a pas de changement sans crise. Faire le deuil d'une vie entière consacrée à une passion est loin d'être facile. Il est intéressant de souligner que j'accompagne de grandes écoles dans le cadre de la préparation aux concours ou durant les études, et les troubles psychopathologiques présents sont absolument identiques : troubles anxieux et épisode dépressif, principalement. Les mondes d'excellence sont aussi des mondes qui peuvent se révéler à la fois magnifiques et anxiogènes.

En fin de carrière, les sportifs quitteront ce monde du mouvement permanent, composante essentielle de leur identité.

Ils quitteront ce monde organisé pour et par la performance.

Ils ressentiront un sentiment de vide et d'inaction.

Ils ressentiront un manque de sensations, de stimulation.

Ils ressentiront l'ennui…

Ils ressentiront cette nouvelle vie comme fade, inodore et incolore.

Ils ressentiront une perte importante de tous leurs supports affectifs : entraîneurs et partenaires, leur famille sportive.

Ils douteront de ce qu'ils sont.

Ils auront l'impression de ne plus avoir d'identité.

Ils n'auront plus de repères. Ils ne se sentiront pas à leur place dans leur nouveau monde.

C'est vrai, je le sais, cette étape de leur vie sera difficile et coûteuse. Ils devront faire le deuil de toute cette vie exceptionnelle. Ils seront confrontés à cet état affectif douloureux provoqué par la perte d'un être cher. Cette période de douleur et de chagrin qui suit cette disparition. Ce sera d'autant plus difficile que l'après-carrière n'aura pas été préparée ou que la carrière aura été au firmament de l'excellence. Certains d'entre eux iront même jusqu'au déni, seront en colère et traverseront une période de déprime, voire un épisode dépressif.

Mais, de la même façon que dans un travail de deuil, ils accepteront de lâcher prise pour entrer dans un autre monde. Et cet autre monde aussi sera beau. Ils trouveront d'autres émotions aussi merveilleuses, même si certains disent encore après de nombreuses années qu'elles sont moins intenses ou moins brillantes. C'est vrai. C'est dur. Certains parlent de petite mort ; même s'il s'agit d'une image symbolique, ils la ressentent vraiment comme telle. Ils n'auront plus jamais d'existence en tant que sportifs de haut niveau.

C'est vrai aussi que certains auront beaucoup de mal et traverseront des périodes très douloureuses ; à nous de veiller sur eux et de prendre soin d'eux.

Pour la plupart, progressivement, après avoir traversé ces tempêtes émotionnelles – parce que, encore une fois il n'y a pas de changement sans crise –, ils travailleront à trouver leurs réponses. Ils s'adapteront comme ils ont toujours su faire. Et ils reconstruiront leur nouveau monde. Ils y trouveront aussi d'autres trésors. Et ils réussiront. Parce que nos rêves, ceux de demain, et ceux des jours suivants, nous les construirons, en chemin.

Nous passons nous aussi par toutes ces phases lorsque nous nous heurtons aux blessures de la vie. Nous utiliserons le même schéma pour nous en sortir. Nous mettrons en mots nos blessures de vie et nous en ferons un trésor d'expérience à notre service.

Savoir lâcher prise

Nous nous sommes déjà dit que, dans les arts martiaux, le premier des combats, c'est d'éviter le combat. Seulement, souvent, c'est plus facile à dire qu'à faire. Parfois, on a vraiment envie de livrer bataille. On est convaincu du bien-fondé de s'accrocher, coûte que coûte, en espérant ainsi faire changer les choses. De s'acharner, dans un travail qui ne nous convient pas vraiment, dans une relation qui ne nous rend pas vraiment heureux. Et pourtant, nous recevons plein de signaux : tristesse, colère, angoisse, une boule dans la gorge. C'est aussi physique. Nous ne sommes pas masochistes, mais nous sommes persuadés qu'il serait « si simple » de s'entendre, de transformer positivement cette relation. De l'amender au travail, ou en amitié, pour que tout aille bien. Sauf que, voilà, rien n'est jamais simple. Et tout le monde n'a pas envie d'aller au même rythme que nous ou de vivre les mêmes choses que nous. Nous sommes tous différents. Tout le monde n'a pas envie d'aller sur le même chemin. Même si nous pensons que ce chemin est bon pour eux ! Alors, parfois, on s'acharne – il n'y a pas d'autres mots ! –, on va plus vite encore. Plus fort encore. En se disant : « C'est pas possible, je suis convaincu qu'ils vont finir pas comprendre ! » Mais comprendre quoi ? Là où nous voulons les emmener ? Mais ont-ils seulement envie d'y aller ? En fait, ce que nous leur proposons est très violent. Ne nous étonnons pas qu'ils puissent être agressifs à notre égard.

Je me souviens d'une femme merveilleuse. Elle sortait d'une relation, qui avait duré plus de vingt ans, avec un homme qui s'était enfermé dans son rôle d'homme au foyer et elle dans son rôle de « surfemme », de « championne » qui doit toujours être performante. Il lui renvoyait sans cesse sa prétendue « méchanceté ». Méchante, dure, voilà les mots qu'elle utilisait pour se définir. Elle m'avait même lâché un jour qu'elle se voyait comme Attila. Comme un monstre, en fait. Un monstre qui avait le devoir de veiller sur son pauvre petit mari si fragile. En fait, cela faisait vingt ans qu'elle le portait à bout de bras. Qu'elle essayait de le soigner. De le faire avancer. Mais, lui, n'y tenait pas… Elle a fini par se séparer de cet homme. Et est tombée amoureuse d'un autre, quelques mois plus tard. Et là, rebelote… À lui aussi, elle servait de rocher sur lequel il se reposait. Pour lui aussi, elle se pliait en quatre. Elle était toujours disponible, renonçait à son propre emploi du temps, à ses propres désirs. Je l'ai vue au cabinet. Elle était amaigrie, anxieuse, malgré son magnifique sourire et sa belle énergie. Son nouvel amoureux venait de lui lâcher que, si leur relation n'allait pas bien, c'est parce qu'elle avait un caractère effrayant. C'était reparti. Encore un homme qui la traitait d'Attila. Et encore une fois, elle encaissait, se remettait en question. Et jetait toute son énergie pour essayer de faire fonctionner cette histoire, pour essayer de changer.

Je lui ai demandé comment elle avait choisi son mari. Elle m'a dit qu'elle ne l'avait pas choisi, que c'était lui qui l'avait choisie. Et qu'elle s'était laissé choisir, aimer, en se disant : « Quelle chance j'ai ! » Quelle chance que l'on puisse m'aimer, au fond… Et pour le nouveau ? Idem ! Elle se comportait comme si elle ne s'autorisait pas le droit de choisir l'homme qui lui conviendrait.

Je lui ai demandé si nous pouvions revisiter cette histoire, si nous pouvions nous « remettre à l'endroit ». Elle m'a regardée, interloquée. « À l'endroit ?
– Oui, à l'endroit ! Je pense que vous ne regardez pas du bon côté. C'est très compliqué de faire autre chose que ce que l'on sait si bien faire. Il en est de même pour moi. Vous aimez si fort prendre soin des autres. Vous avez tellement envie que l'autre ait votre ambition, tellement envie que l'autre soit heureux, qu'aujourd'hui vous êtes exténuée par tous ces combats. D'autant plus que cela finit toujours par se retourner contre vous. L'autre se sent attaqué par tout ce que vous savez faire. L'autre se sent diminué par toutes vos propositions d'aller mieux. Il le vit comme une atteinte à sa dignité. Il devient alors agressif avec vous, et vous, avec lui. Et là commence

l'infernale culpabilité. Comme toujours, vous vous remettez en cause. Vous actez que vous êtes la fautive. Que c'est votre caractère, votre façon d'être et ce que vous êtes… Mais ce qui se passe est sûrement tout autre. Vous vous laissez choisir par ce type de personnes. Elles vous repèrent et vous aussi. Viennent vers votre soleil… Et s'y accrochent. Et vous êtes ravie de vous sentir utile. Aimer veut dire être utile, vous êtes sûre ? Vous y mettez toute votre énergie, parce que vous pensez que vous pouvez les rendre meilleures, faire émerger leur potentiel, les sauver. Mais vous ne serez jamais le médicament ou le traitement de quelqu'un, et fort heureusement ! Oui, ces personnalités viennent vers vous. Oui, elles semblent s'emboîter parfaitement avec vous. Mais c'est une illusion ! Vous leur dites : "Excusez-moi si j'ai été méchante." La question n'est absolument pas là. Vous n'avez pas été méchante, vous êtes à bout, vous n'en pouvez plus. Et du coup, vous vous rebellez, mais j'ai envie de vous dire : il était temps ! Il était temps que vous vous rebelliez et que vous disiez : "Stop !"

« Ces histoires d'amour ont été de belles histoires, mais elles vous ont coûté tellement cher. Vous n'aviez peut-être pas le même projet de vie, les mêmes désirs, les mêmes envies. Vos chemins dès le départ étaient différents et se sont séparés au fil du temps sans que vous vous en rendiez compte.

« Il était temps que vous décidiez de garder cette énergie extraordinaire qui est la vôtre pour vous-même et votre prochain amoureux. Aimer n'est pas synonyme de soigner les autres ou d'être utile. Quand bien même le voudrait-on, cela ne serait pas possible. »

Elle m'a regardée, comme si un espace s'ouvrait à elle. Elle m'a dit : « C'est comme si on m'enlevait une pierre de ma poitrine. » C'était la première fois qu'elle voyait les choses de cette façon. À l'endroit. Et non plus biaisées par la culpabilité, le regard et l'interprétation de l'autre.

De ce jour, elle a compris qu'elle devait conserver cette belle énergie. Qu'effectivement elle pouvait parfois se transformer en petit hérisson, mais qu'avant tout elle était remplie de générosité, d'amour et de bienveillance. Et que le plus sûr moyen d'être heureux dans le travail, en amitié ou en amour, ce n'est pas de persister dans un chemin qui ne nous convient pas. Et de nous culpabiliser parce qu'il ne nous convient pas. Au contraire ! Il faut réfléchir, structurer ses ressentis et ses pensées, les mettre en mots et lâcher prise. Pour enfin emprunter un autre chemin.

On ne force pas quelqu'un qui ne veut pas à aller mieux. Il s'agit souvent de notre propre désir et pas celui de l'autre. Alors, rien ne sert de s'entêter ; cela risquerait de se retourner contre nous. Il faut parfois lâcher prise. Nous éloigner. Et c'est parfois le meilleur moyen de débloquer une situation. Et d'aller mieux avec l'autre.

Ce fameux lâcher-prise est une problématique récurrente dans le monde du sport. Être capable de lâcher prise sur la technique pour jouer. On dit jouer au tennis, au football, au golf. La technique n'est qu'un aspect du sport. Elle n'englobe pas le sport dans son ensemble. Un sportif n'est pas qu'un technicien de son sport, c'est beaucoup plus que ça. Son sport l'engage totalement, bien au-delà de la seule technique. Évidemment, sans entraînement, sans technique, il ne peut pas y avoir de champions, mais, là encore, ce n'est pas suffisant. Jouer, c'est aussi être capable de lâcher prise sur tout ce qu'on a appris, pour utiliser toutes ses connaissances et compétences dans un contexte et en fonction de la situation. Ces moments de grâce que le sportif recherche passionnément, où tout se conjugue pour laisser place à l'exceptionnel. Les notions de plaisir et de jeu sont essentielles, ne les négligeons pas. C'est un exercice très complexe pour eux, mais aussi pour nous : se remettre à l'endroit et lâcher prise. Pour s'amuser, jouer et se faire plaisir. Pour ne pas perdre de vue son propre chemin.

Savoir se respecter…

Le « respect ». Ce que l'on doit avoir dans notre « cartable » à ce moment précis de notre chemin. Le respect de soi, d'abord. Le respect de ce que l'on veut faire. Se respecter, c'est se donner les moyens de son ambition. C'est travailler sérieusement, consciencieusement. Donner le meilleur de soi-même. C'est ce que je retrouve dans le sport : le dépassement de soi, pour le plus grand respect de soi et de l'autre.

Travailler avec ces grands sportifs, comme avec toutes ces personnes, c'est une merveilleuse opportunité d'apprendre et de progresser, dans le respect de chacun. Je leur suis d'ailleurs très reconnaissante du chemin qu'ils m'ont permis de parcourir, à leurs côtés. Quand je remercie ces personnes, quand je remercie les sportifs, ce n'est pas de la démagogie. Ce n'est pas une formule de politesse, c'est vraiment ce que je ressens. Je ressens du respect et de la gratitude pour ce chemin que nous avons parcouru ensemble.

C'est vrai, il n'a pas toujours été simple, ce chemin. Et s'il y avait dans ce cabinet une petite souris qui pouvait parler, elle en aurait, des choses à dire ! Parfois, la discussion devient un corps-à-corps. Et je dois vous avouer qu'elle est rude. Ces champions éprouvent mes limites. Pas pour me provoquer, non. Juste parce qu'ils cherchent à éprouver les leurs. Je vous laisse imaginer un champion en colère. Les champions que j'ai face à moi ne sont pas que des montagnes de muscles. Ils ont tous de très fortes et brillantes personnalités. Ils ne seraient pas champions sinon. Et parce qu'ils sont parfois en colère contre eux, ils peuvent aussi l'être contre moi. Je ne laisse jamais cette colère virer au manque de respect. Je ne l'accepterais pas. Le cadre que je propose est bienveillant et respectueux. On peut être en colère, hurler, pleurer de désespoir comme de joie, mais en aucun cas manquer de respect. Ce sont mes propres limites. Lorsqu'une personne me manque de respect, je ne peux plus travailler avec elle. En fait, je suis touchée, parfois même meurtrie. C'est l'un de mes talons d'Achille ! Oui, je suis aussi un être humain. La violence m'abîme. Je le sais depuis longtemps. Si je ne connais pas mes limites et que je me crois invulnérable, je serai vulnérable. Si je suis emportée par une ambition de toute-puissance, je serai fragilisée. Je le sais. J'ai aussi des vulnérabilités. Cela fait trente-cinq ans maintenant que j'exerce mon métier et je l'adore toujours autant.

Donc notre cadre est le suivant : respect et bienveillance. Personne n'est obligé de s'y contraindre. Tout le monde a le droit de refuser ce cadre. Mais, en ce qui me concerne, je ne peux pas faire autrement. Si l'on me manque de respect et que cela dure dans le temps, je me sens triste tout d'abord, puis je trouve cela injuste et, enfin, si cela continue, je sens s'installer la colère. Je sens aussi qu'elle peut me dépasser, et ça, je ne le veux pas. Je ne le veux pas, car je sais qu'elle peut me détruire. Oh ! pas tout de suite, mais à petit feu. En fait, c'est assez simple : j'ai beaucoup de respect pour les personnes dont je m'occupe et j'aime que ce soit réciproque. Jusqu'à maintenant, il est très rare que ces personnes partent lorsque je leur explique ce à quoi je tiens. Certaines me disent : « Vous me faites peur ! » En fait, elles me disent juste : « J'ai compris, je vous respecte, je vous écoute et nous allons progresser ensemble. » Et enfin, à ce moment-là, et c'est là l'essentiel, elles se respectent elles-mêmes.

Le respect commence peut-être quand enfin on regarde « à l'endroit ». Quand enfin on n'essaie pas de chercher chez l'autre, dans l'alignement des planètes, ou que sais-je encore, les raisons de son infortune. On se recentre. On fait face. Et alors, ensemble, on peut regarder dans le bon sens. C'est là que commence le respect. Et quand on se respecte, les autres nous respectent également. J'adore ce mot. Respect. C'est pour moi l'un des plus importants.

Les personnes qui viennent dans mon cabinet sont magnifiques de courage et d'intelligence. Elles ont fait le constat de leur mal-être. Et vont s'atteler courageusement à y faire face. À changer. Et moi, j'ai la chance de les accompagner sur ce chemin. À un moment donné, il nous faudra nous relever les manches, mettre les mains dans le cambouis. Le travail psychologique est aussi un combat. On y va, on avance. Dans le respect de chacun. Il faut qu'ensemble on trouve les solutions. On le fera main dans la main. Certaines personnes m'ont dit : « Parfois, j'avais l'impression que vous me poussiez dans le vide, mais dans le même temps je savais que vous seriez là pour me récupérer. » C'est beau, je trouve.

Mais, pour moi aussi, parfois c'est une épreuve. Parce qu'on n'est pas insensible. Et, par moments, c'est dur aussi pour nous, thérapeutes. Parfois je me dis : « C'est tellement difficile, ce qu'ils traversent en ce moment. » J'ai le souvenir d'un très grand athlète. Il était cuit. Fatigué. Aux frontières de ce qu'il pouvait endurer. Mais je savais qu'il lui fallait aller jusqu'au bout. Parce que, pour lui, ne pas aller jusqu'au bout, c'était se mettre en danger. Mais je le voyais tellement épuisé. Je ne disais rien. Je savais que je devais lui dire de continuer malgré tout ce qu'il pouvait ressentir. Mais j'avais face à moi, un homme à bout. Alors je gardais le silence. J'avais envie de lui dire : « Oui, tu as raison, récupère, repose-toi, va t'amuser ! » Sauf que je savais que si je le respectais, et je le respecte infiniment, ce n'était pas ce que je devais lui dire. Et pourtant… j'aurais tellement préféré lui dire « lâchons ! ». Au bout d'un long silence, j'ai pris la parole. Et je lui ai dit : « Bon, on n'a pas le choix, il va falloir continuer. » Il m'a dit alors : « Ah, Meriem, tu me rassures, je ne te reconnaissais plus ! Je me demandais : mais comment Meriem peut-elle laisser passer un truc comme ça ? » Je lui réponds : « Quand je te vois comme ça, je n'y suis pas insensible. J'ai envie de te dire oui, profite de la vie ! » Mais là il me dit : « Heureusement que tu m'as dit de continuer. » Comme dans notre vie à tous, parfois, on a envie de tout lâcher. Sauf que c'est justement le moment où il ne faut surtout pas le faire. Donc, oui, il ne faut pas lâcher, il faut se respecter, pour se pousser ou se laisser pousser, même quand on est à bout.

Je suis là pour porter ces personnes dans ces moments-là. Mais elles aussi me portent. Quand enfin elles vont mieux, nous sommes une équipe et chacun de nous se porte mutuellement dans le respect de chacun. Et nous allons mieux, ensemble.

Pour respecter les autres

Je me souviens d'un voyage que nous avions fait en Algérie avec ma mère et mes frères. Ma mère nous a demandé de l'accompagner pour rendre visite à une personne. Nous étions à la fin des années 1960. Je devais avoir six ou sept ans. Elle nous a dit : « Voilà, je vous présente cette femme : c'est ma sœur, c'est ma confidente, c'est ma famille, cette femme est tout pour moi. » Cette femme magnifique vivait très sobrement. Dans une maison où il n'y avait pas de réfrigérateur. Et le beurre était un peu rance… Nous n'avions pas envie de manger la nourriture qu'elle nous servait. Nous peinions à le faire. Mais le regard de notre mère nous intimait de manger. Et nous nous sommes exécutés. Parce que cette femme s'était pliée en quatre pour nous préparer ce déjeuner, et qu'il était hors de question que nous lui manquions de « respect ». Le « respect », toujours. Sa dignité.

Après ce repas, dont je garde aujourd'hui encore un terrible souvenir tant j'ai été malade par la suite, ma mère nous a expliqué pourquoi cette femme était si importante à ses yeux. Mes grands-parents avaient une propriété, et des employés qui venaient y travailler. Et notamment cette femme, qui venait aider à la maison et dormait sur place, comme ça se faisait beaucoup à l'époque. Et toutes les nuits, ma mère lui demandait si elle pouvait venir avec elle. Et toutes les nuits, cette femme, consciente de l'angoisse d'enfant qui tiraillait ma mère, la prenait avec elle. Je trouve ça tellement merveilleux. Et c'est aussi l'éducation que nous avons reçue : nous avons besoin les uns des autres, nous sommes tous ensemble. Il n'y a pas « chacun à sa place ». Chacun d'entre nous a besoin de l'autre. Personne n'est au-dessus de l'autre.

Mon héritage m'a montré combien on avait besoin des autres. Combien chacun d'entre nous pouvait passer avec une rapidité déconcertante du firmament social au plus grand dénuement. Et alors ? Leur valeur a-t-elle changé parce qu'ils n'occupent plus des postes de direction ? Parce qu'ils ne sont plus de grands propriétaires terriens ? Est-ce que leur intelligence a disparu ? Je ne crois pas. Alors de quel droit pourrions-nous nous permettre de juger et mépriser certaines personnes ? On a besoin de tous. Ensemble. C'est aussi pour cela que j'aime autant le sport. Parce que le « collectif », le « faire-ensemble », est une des valeurs-phares du sport. Dans une équipe, on ne peut pas marquer un but seul, c'est impossible.

C'est aussi pour ça que j'aime à dire que le travail que nous faisons avec toutes ces personnes qui me font confiance, nous le faisons ensemble. Nous formons une équipe. À nous de ne jamais l'oublier. Même dans les défaites. Et les victoires viendront. On se soutient, on avance ensemble, on ne méprise personne. Parce que la victoire ne peut être que collective.

Pour trouver son chemin

Je voudrais ici féliciter toutes les personnes avec qui j'ai travaillé, et aussi mes lecteurs. Parce que ce sont des femmes et des hommes courageux. Pour trouver des réponses à leurs questions parce qu'ils se sentaient malheureux là où ils étaient, ils ont fait le choix de poursuivre leurs rêves et de trouver leur chemin. Sur ce chemin, nous avons compris que nous ne pouvions pas avancer seuls. Sur ce chemin, on y rencontre des joies, des peines. Trop souvent, on voudrait nous faire croire que seule la « destination » vaudrait la peine. Mais c'est faux. Ce qui compte, c'est le chemin parcouru. C'est ce labeur quotidien qui fait que, pierre après pierre, on le construit ensemble. Même si cela fait mal au ventre, même si c'est dur. Et c'est dur.

Mais ce qui est plus dur encore que d'emprunter son chemin, c'est de ne pas le faire et de regarder derrière soi en se disant : « Je regrette, j'aurais dû le faire. » C'est vrai que c'est souvent angoissant de saisir une chance. C'est vrai que parfois il faut même être capable de voir la chance qui passe devant nous. Combien ça peut faire peur ! Combien ça peut chambouler une vie ! C'est vrai. Il est apparemment plus facile de regarder passer les trains et de ne pas saisir les chances. Ça fait mal de les saisir, ça fait peur. On ne sait pas comment faire. C'est compliqué. Et dans cette nouvelle vie, on n'a pas de repères. Mais la vie n'est pas uniquement confortable. Et le plus dur, c'est de passer à côté de sa vie. La vie, c'est le rêve que l'on se construit doucement. Et le rêve, c'est de trouver son chemin. Au fur et à mesure des difficultés, on les surmonte, on les dépasse et on progresse.

Sur ce chemin, il nous faudra apprendre le respect. C'est une donnée très importante. Et aussi la dignité. Et aussi la confiance. En soi et dans les autres. La peur fait partie intégrante de la conquête de ses rêves. Cela veut dire une mise à nu, beaucoup de risques aussi. J'en ai conscience. Il faut donc beaucoup de courage. Et ce courage est aussi un don de soi, un don pour soi. Peut-être même que, sans nous en rendre compte, à notre insu, en poursuivant nos rêves, nous faisons évoluer le monde qui nous entoure. Peut-être même que nous allons défendre quelque chose qui nous dépasse, qui n'est pas en lien avec nous seulement. Ces racines liées à notre histoire, notre héritage. Nous ne venons pas de rien. Nous sommes les fruits de cet héritage, à nous d'en faire une force. De tisser un à un les fils de cet héritage pour nous rendre plus forts. Défendre cet héritage, c'est aussi nous aimer. C'est aussi cet effort qui nous permettra d'être ce que l'on est, pour pouvoir avancer vers ce que l'on devrait être. Et pourquoi pas ce que l'on voudrait changer dans notre monde.

C'est un sacré challenge. Un sacré défi. Car derrière nos rêves se cache peut-être discrètement la poursuite d'un monde meilleur. Et sans nous en rendre compte, à chacune des petites victoires que nous obtenons, nous conquérons notre liberté et nous créons un autre monde. Dans le respect de chacun.

C'est vrai qu'il est difficile de se désaliéner. De nos blocages, de nos inhibitions. J'adore penser que le travail psychologique a un aspect subversif. J'adore penser que mon métier permet de mener à la liberté. C'est vrai que les chaînes de l'angoisse, des peurs, sont très solides. Osons au moins penser qu'il est possible de s'en libérer.

En fait, en allant mieux, en nous connaissant mieux, en nous respectant, en poursuivant nos rêves, nous ne pourrons peut-être pas changer le monde, mais déjà nous allons changer notre monde à nous. Et si chacun de nous s'y met, soyons ambitieux, nous finirons par changer le monde.

Parce que tout est possible.

Et que ça en vaut la peine !

Postface

Ghani Yalouz, champion de lutte gréco-romaine, lutteur français le plus médaillé au niveau international, vice-champion olympique à Atlanta en 1996, est directeur de l'Insep (Institut national du sport, de l'expertise et de la performance)

Meriem Salmi, je la connais depuis longtemps, mais je l'ai vraiment découverte en 2008, aux Jeux olympiques de Pékin. Elle vivait dans le village des athlètes. On a eu beaucoup d'échanges à ce moment-là. Et ce sont ces échanges qui m'ont permis de réorienter ma façon d'être et de voir les choses. J'étais alors sélectionneur pour la lutte gréco-romaine, toute la délégation attendait que nous rapportions des médailles. La pression était immense. Et j'avais un trac inouï. Elle m'a fait comprendre que, quand le manager a le trac, il le fait passer à ses athlètes. Comme si ce trac était contagieux. Alors que, quand le manager est solaire, qu'il relativise les choses, qu'il ne dégage rien de négatif, alors, son entourage est serein et, du coup, il donne le meilleur de lui-même.

J'ai compris alors qu'il n'y avait pas que les athlètes qui ont besoin de cet accompagnement psychologique, que nous en avions tous besoin. Elle m'a appris à gérer mon stress, à me recentrer sur moi-même, à relativiser les choses, sans jamais rien lâcher… Et… nous avons rapporté deux médailles, avec deux frères, Steeve et Christophe Guénot, l'or, et le bronze. Une magnifique histoire.

Elle m'a montré l'importance de l'aspect humain. Cet aspect qu'on banalise ou, pire, qu'on ignore. Alors qu'il est crucial.

Meriem Salmi m'a fait prendre conscience de beaucoup de choses, et m'a mis face à la réalité. Sa force, c'est d'être dans l'honnêteté. Elle ne vous dit jamais ce que vous avez envie d'entendre, elle vous dit ce que vous devez entendre.

Jamais elle ne vous brosse dans le sens du poil.

Le sport c'est un concentré de la vie, avec ses joies, ses bonheurs, sa gloire… Mais aussi sa solitude, ses trahisons, ses coups bas.

Mon seul regret est de ne pas l'avoir rencontrée quand j'étais encore athlète. Je suis certain que ça aurait changé ma destinée.

Je ne regrette rien. Elle a ouvert plus grand mon chemin de l'humanité.

Remerciements

J'ai eu tellement de chance. Je sais, vous allez sans doute trouver que je me répète, mais c'est vrai. Pour croire en mes rêves et poursuivre mon chemin, j'ai eu le soutien de personnes formidables.

Mes parents tout d'abord. Mes frères Farid et Djamel. Ma mère, mon père, mon héros. Sans eux, sans ce qu'ils ont été, sans leur héritage, sans leur amour, sans leurs valeurs, sans leur regard, sans leurs paroles, sans leur magnifique boîte à trésors, je ne serais pas ce que je suis aujourd'hui.

Aussi, je les remercie mille et une fois. Je leur suis éternellement reconnaissante.

Mes enfants Schéhérazade, Nawal et Hicham ensuite. Je me suis construite avec eux, en même temps qu'eux. Ils m'ont tellement appris. À leur côté, j'ai mieux compris mes parents, l'importance de la transmission, et les énormes enjeux et difficultés de l'éducation. Mais, grâce à eux, j'ai aussi mieux compris qui j'étais. Avec mes enfants, nous avons continué, mais aussi tracé le chemin de notre famille. Et chaque jour qui passe, quand je pose mon regard sur eux, je suis si fière de ce qu'ils sont aujourd'hui. Ils sont si merveilleux. Ils représentent ce que j'ai de plus précieux au monde. Ils sont ma chance et mon bonheur absolu

Mes amis, ils se reconnaîtront, je le sais. Une mention particulière pour ma famille de cœur : Laurence, Yannick, Philippe, Ghani, Florian que je connais depuis toujours. Avec lesquels j'ai toujours le droit d'être moi. À leurs côtés. Combien de chemins nous avons empruntés ensemble !

Merci à tous les sportifs qui m'ont fait confiance et continuent encore aujourd'hui. Une mention spéciale à Teddy Riner. Il n'est pas seulement un champion exceptionnel, il est avant tout un homme d'exception. Et un bel ambassadeur de la psychologie dans le monde sportif et pas seulement, tant son message s'est ouvert aux autres mondes…

Merci à Isabelle Saporta. Quelle rencontre fabuleuse ! Isabelle qui tout au long de ces mois d'écriture m'a guidée et accompagnée avec tellement de bienveillance, de patience, de générosité, de respect et d'intelligence.

Merci à Sophie de Closets, mon éditrice, d'avoir cru en moi et d'être venue me chercher. C'est de cette belle rencontre qu'est né ce livre.

Merci à Isabelle et Sophie de me permettre de réaliser l'un de mes rêves.

Merci à tous mes responsables et collègues. Ils sont si nombreux que je ne me risquerai pas à tous les citer. Ce sont aussi eux qui m'ont inspirée, qui m'ont appris, et permis de me construire.

Merci à cette famille sportive : aux entraîneurs, directeurs techniques nationaux, nutritionnistes, kinés, médecins…

Je ne peux pas oublier Alexis Vastine, parti sans avoir pu réaliser tous ses rêves…

À toutes les personnes avec qui j'ai travaillé et travaille tous les jours enfin. Avec eux aussi, je me suis construite. Ensemble, nous créons notre route. Ensemble, nous décrochons nos étoiles. Et nous rendons possibles nos rêves.

À vous enfin, lecteurs, à qui je me réjouis de pouvoir parler aujourd'hui et de pouvoir transmettre ce que j'ai appris, glané, construit au cours de décennies d'exercice de ma profession.

À vous tous, merci mille et une fois.

Composition et mise en pages
Nord Compo à Villeneuve-d'Ascq

CET OUVRAGE
A ÉTÉ ACHEVÉ D'IMPRIMER
SUR ROTO-PAGE
PAR L'IMPRIMERIE FLOCH À MAYENNE
EN MAI 2018

PAPIER À BASE DE FIBRES CERTIFIÉES

Fayard s'engage pour l'environnement en réduisant l'empreinte carbone de ses livres. Celle de cet exemplaire est de :
750 g éq. CO_2
Rendez-vous sur www.fayard-durable.fr

Dépôt légal : mai 2018
N° d'impression : 92663
67-2391-4/01
Imprimé en France